GODDESS GIRLS series:#19 ECHO THE COPYCAT by Joan Holub & Suzanne Williams
Copyright © 2016 by Joan Holub & Suzanne Williams
All rights reserved.
Korean translation copyright © 2022 by RH Korea Co., Ltd.
This Korean edition is published by RH Korea Co., Ltd.
by arrangement with Joan Holub & Suzanne Williams c/o EDEN STREET LLC
through KCC(Korea Copyright Center Inc.), Seoul.

이 책은 (주)한국저작권센터(KCC)를 통한 저작권자와의 독점 계약으로 (주)알에이치코리아에서 출간되었습니다.
저작권법에 의해 한국 내에서 보호를 받는 저작물이므로 무단 전재와 복제를 금합니다.

올림포스 여신스쿨

19 따라쟁이 에코

조앤 호럽, 수잰 윌리엄스 글 · 싹이 그림 · 김경희 옮김

주니어 RHK

엄청나게 멋진 우리 독자 여러분, 고마워요!

케니 Y., 코코 Y., 패리스 O., 줄리아 K., 어맨다 W., 이든 O., 시드니 B.,
버지니아 J., 셸비 린 J., 매카이 O., 리즈 O., 아리엘 S., 에밀리 G.,
부부 G., 케이틀린 W., 카일리 S., 에리카 B., 매디슨 W., 안드레이드 가족,
매건 B., 크리스티나 S., 케이틀린 L., 세라 A., 레이철 W., 오브리 B.,
캐스린 C., 에이바 K., 브리아나 G., 제이미 E.S., 케이틀린 R.,
해나 R., 에이미 Y., 재스민 R., 시드니 G., 아스파시아 K., 애비 G., 세라 D.,
퍼트리샤 D., 페 수전 D., 안 M-H., 애슐리 H., 라일리 H., 다이앤 G.,
데이지 X., 아나 B., 어밀리아 G., 샘 R., 안나 K., 니키 K., 안 H.,
크리스틴 D-H., 카냐 S., 미치 S., 브리아나 I., 매켄지 S.,
트레나 J., 릴리아 L., 어맨다 C., 헤일리 G., 라일리 G., 러네이 G.,
엘리 P., 매디 P., 패트로나 C., 오브리 B., 마리아 B., 미아 T.,
얼리사 T., 릴리 앤 S., 로라 C., 첼시 G., 매건 D., 케이시 G., 그레이스 H.,
릴리 T., 라나 W., 크리스틴 S., 앨리 M., 사브리나 C., 키라 M.,
소피 G., 제시카 G., 시레사 M.C., 아이리나 G., 비비언 Z.,
에밀리와 그론딘 가족, 해나 H., 시드니 C.,
릴리 메이 C., 키라 L., 엘라 N.,
김서빈, 김은서, 김지우, 나은호, 류시후, 심연서, 유릇, 윤다은,
윤지온, 이가윤, 이수아, 이수예, 최예주, 최주아
그리고 지금 이 책을 보고 있는 바로 당신!

– 조앤 호럽과 수잰 윌리엄스

차례

1 새로운 주문 •09
2 나만의 방식 •26
3 미안해, 완소나무 •44
4 꽃미남 나르키소스 •60
5 제우스를 만나야 해! •88
6 컵케이크 거래 •113

7	어떤 님프가 좋을까?	•134
8	나르키소스의 은밀한 계획	•164
9	대망의 퍼레이드	•188
10	카피케이크 마법	•213
11	이데만을 위한 웨딩 키톤	•245
12	새로운 시작	•266

1 새로운 주문

높디높은 소나무 꼭대기에 사는 열두 살 님프 에코는 자연 학교에 갈 준비를 하느라 바빴다. 에코는 자기가 살고 있는 이 소나무를 무척 아꼈기 때문에 '완전 소중한 나무'라는 의미를 담아 완소나무라는 이름까지 지어 주었다. 에코는 완소나무를 자신의 또 다른 몸처럼 여겼다.

에코는 이곳 그리스 보이오티아 지역의 울창한 숲속에서 태어났을 때부터 쭉 이 나무에서 살았고, 이제는 그 위에 작고 예쁜 집도 지었다.

완소나무는 가로로 쭉쭉 뻗은 가지 덕분에 널빤지를 대어 마루를 놓기 좋았다. 에코는 나무의 둥그런 기둥에 맞추어 탁자와 조가비 모양 세면대도 만들어 두었다. 마루의 삼면에는 벽 대신 난간을 둘렀고, 마지막 한 면은 비워 둔 채 출입구로 쓰고 있었다. 과학 시간에 만든 도르래 덩굴 사다리 덕분에 나무를 오르내리는 일도 거뜬했다.

에코가 오늘은 어떤 옷을 입을지 고르고 있는데, 마법 바람이 두루마리 한 뭉치를 들고서 집 안으로 휭 불어 들어왔다. 에코의 초록 덩굴 머리칼이 이리저리 흩날렸다.

마법 바람은 에코의 해먹에 잡지 〈십 대들의 두루마리〉 최신호를 툭 떨어뜨렸다. 에코가 4학년 때 직접 엮어 만든 해먹이 출렁출렁 춤을 췄다.

"고마워!"

에코가 소리쳐 인사했지만, 마법 바람은 벌써 쌩하니 떠난 뒤였다. 배달 가야 할 님프의 집이 이 숲에만 이백 군데가 넘기 때문에 서둘러야 했다.

에코는 해먹 위 잡지를 펼쳐 들었다. 학교 가기 전에 대충이라도 내용을 살펴보고 싶었다. 〈십 대들의 두루마리〉는 이름 때문에 아이들만 보는 잡지 같지만, 올림포스산에 사는 불멸의 존재 소식을 자주 다뤄서 어른 아이 할 것 없이 모두에게 인기가 있었다.

에코가 사는 숲은 올림포스에서 멀리 떨어져 있다 보니 에코네 마을 아이들은 잡지를 제때 받는 일이 드물었다. 이번 최신호만 해도 벌써 2주 전에 나왔지만, 에코한테는 모든 게 새로운 소식이었다.

'이따 밤에 샅샅이 살펴봐야지. 올림포스산에서 일어나는 사건은 우리 숲에서 일어나는 일보다 훨씬 흥미진진하단 말이야. 솔직히 여긴 좀 심심하잖아.'

에코는 먼저 이번 호 주요 기사를 쓱 훑어보았다. 제목이 '불멸 쇼핑센터 대규모 이벤트 개최'였다. 화려하게 장식된 플로트 카(축제장이나 놀이동산 퍼레이드에 사용하기 위해 만들어진 차량 : 옮긴이) 퍼레이드와 며칠 뒤에 있을 결혼식까지 큰 행사가 연달아 열리는 모양이었다. 기사를 좀 더 살펴보니 퍼레이드는 이번 주 토요일, 결혼식은 다음 주 월요일에 열릴 예정이었다.

'우아, 직접 가서 구경할 수 있다면 얼마나 좋을까?'

에코는 꿈꾸듯 생각에 잠겼다. 하지만 올림포스산은 멀디멀고, 에코 같은 님프는 자신이 속한 숲을 떠나는 법이 거의 없었다. 숲에 머물며 나무를 보살필 책임이 있기 때문이었다.

기사 옆 그림에는 올림포스 학교장 제우스와 생글생글 웃고 있는 예비 신랑 신부가 함께 선 모습이 담겨 있었다. 그림 속 예비 신부는 웨딩 키톤을 입고 있지 않았다. 독자로선 안타깝긴 해도 이해할 수 있는 일이었다. 결혼식 전에 결혼 예복을 사람들에게 미리 보여 주면 신부가 불행해진다고들 하니까. 그래도  패션에 관심이 많은 에코는 못내 아쉬웠다.

'흠, 웨딩 키톤을 볼 수 있으면 좋을 텐데.'

대신 에코는 그림의 세세한 부분까지 눈여겨보았다. 제우스 옆에 염소 한 마리가 서 있었고, 머리 위에는 벌 한 마리가 날아다녔다.

'어? 염소와 벌이 왜 저기 있는 거지?'

궁금해진 에코는 두루마리를 옆으로 더 펼쳤다. 이번에는 짧은 기사 옆에 실린 그림이 에코의 눈길을 끌었다. 그림의 주인공인 올림포스 학교 여학생 세 명이 그리스 파르테논 신전에서 거인족을 물리친 뒤 불사의 약초까지 찾아낸 모양이었다.

'와, 진짜 신났겠다!'

기사에 따르면 왼쪽에 선 청록색 머리칼을 가진 소녀는 '암피트리테'라는 이름의 네레이데스, 즉 바다에 사는 님프였다. 같은 님프라도 사는 곳에 따라 부르는 이름도 생활 방식도 모두 달랐다. 대부분이 에코처럼 인간과 신의 중간 정도 되는 존재라서 마법을 쓸 수는 있지만, 능력에 한계가 있었다.

그림 속의 나머지 두 여자아이는 에코도 바로 알아보았다. 가운데 선 아이가 지혜와 발명의 소녀 신으로 이름난 아테나, 오른쪽에 선 아이는 뭐든 잘 키우는 능력을 지닌 소녀 신 페르세포네였다.

에코는 페르세포네의 키톤에서 눈을 뗄 수가 없었다. 긴 치마 위에 짧은 치마를 덧댄 더블 스커트인데, 짧은 치마의 끝단을 따라 나뭇잎이 곱게 수놓아져 있었다.

'어쩜, 내가 본 옷 중에 최고로 예쁘고, 늘 푸른 스타일이야!'

에코가 사는 숲에서는 늘 푸르다라는 말이 '으뜸이다'를 넘어서는 최고의 칭찬으로 통했다.

에코는 잡지 그림을 조심스럽게 뜯어서 벽의 메모판에 붙였다. 패션 아이디어를 얻고자 모아 놓은 그림이 메모판에 이미 한가득했다. 옷을 만들 때마다 하나씩 흉내 내어 보았더니 이제 아이디어가 거의 동난 참이었다.

'흐음. 학교 갈 때까지 아직 30분이 남았네. 그사이에 페르세포네의 디자인을 따라 해 볼 수 있을까? 아, 그래! 오늘 입으려던 밋밋한 초록 키톤에 몇 가지 장식을 달면 비슷하겠어.'

새로운 아이디어에 잔뜩 신이 난 에코는 서둘러 반짇고리를 꺼냈다. 안에는 그동안 에코가 이웃 산과 숲에서 모아 온 다양한 장식 재료들이 들어 있었다. 에코는 먼저 바늘에 길고 가는 실을 꿰었다. 그런 다음 연둣빛 올리브 잎사귀와 분홍빛 아네모네꽃을 꺼내어 페르세포네의 키톤처럼 치맛단에 곱게 바느질해 붙였다.

얼마 지나지 않아 이웃 님프들이 덩굴 사다리를 타고 나무에서 내려가는 소리가 들렸다.

'어머, 30분이 후딱 지나가 버렸네! 좋아하는 일을 할 때는 시간이 참 빨리 간다니까.'

이윽고 숲에 웅성웅성하는 소리가 들어차기 시작했다. 님프들이 각자 자신이 깃들어 살고 돌보는 나무 곁에 서서 보호 주문을 외우고 있었다. 매번 똑같은 주문이지만, 나무를 안전하게 지키려면 매일 아침마다 읊어 주어야 했다.

에코는 장식을 덧댄 키톤을 얼른 입고서 한 바퀴 빙그르르 돌아 보았다. 슈퍼스타가 된 기분이 들었다. 이어 에코는 그림 속 페르세포네처럼 머리 곳곳에 나뭇잎과 꽃을 꽂아 꾸몄다. 그러고는 마지막으로, 몇 달 전 오디를 으깨어 짙은 자주색으로 직접 물들인 덩굴 샌들을 신었다.

'짜잔! 완벽해!'

문득 단짝 다프네의 목소리가 들리는 것 같아 에코는 집 밖으로 고개를 내밀고 아래를 살폈다. 몇몇 친구들과 함께 서 있는 다프네가 보였다. 자연 학교에서 지내고 있는 교환 학생 시링크스도 있었다. 이 숲의 여느 님프와 달리 시링크스는 강과 호수에 사는 님프, 나이아데스였다.

"내가 못 살아! 너희들 주문은 어떻게 맨날 똑같니?"

시링크스가 큰 소리로 빈정거렸다.

"우리 나이아데스들은 늘 새로운 주문을 읊어 주는데!"

에코는 그 말을 듣고 어이가 없었다.

'그건 다프네도 알거든? 지금은 나무에 사는 드리아데스지만, 다프네는 원래 강에 사는 나이아데스 출신이라고. 하여간 시링크스 쟤는 똑똑한 척은 혼자 다 한다니까.'

"내가 아는 주문만 수십 가지가 넘어. 하나 들려줄까?"

시링크스가 계속 우쭐대며 말을 이었다.

　　　이 강을 오늘도 보호하소서.
　　　나 없는 시간에도 지켜 주소서.

'오! 두 구절로 주문을 만들기 힘든데, 저건 운율도 잘 맞고 꽤 괜찮네? 나도 흉내 내 봐야지. 이렇게 괜찮은 건 따라 해 봐야 제맛이잖아! 물론 평소 주문도 외우고. 새 주문이 안 통할 수도 있으니까.'
에코는 따라 만든 주문을 나직이 읊어 보았다.

　　　이 나무를 오늘도 보호하소서.
　　　나 없는 시간에도 지켜 주소서.

"에코, 학교 가자!"
다프네가 나무 위를 올려다보며 외쳤다. 원래 다프네는 늘 에코와 함께 학교에 갔는데, 요즘은 시링크스도 같이 데리고 다녔다.
"바로 내려갈게!"

에코가 소리쳐 대답했다. 지각할 생각은 전혀 없었다. 이어 에코는 완소나무를 향해 둘만 아는 농담을 던졌다.

"완소나무! 오늘도 **나 무**척 보고 싶겠지만 조금만 참아."

당연히 완소나무는 아무 대답도 하지 않았다. 나무는 에코가 다니는 자연 학교의 선생님들처럼 수백 수천 년을 살아야 소리 내어 말하는 능력을 얻을 수 있었다.

에코는 서둘러 도르래 덩굴 사다리에 발을 디뎠다. 이 마을 님프들 누구나 집에 비슷한 사다리를 갖추고 있었다. 사다리에 도르래를 달고, 님프의 몸무게를 지탱할 수 있도록 덩굴을 이리저리 감아 두었기 때문에 어느 쪽 덩굴을 잡아당기느냐에 따라 쉽게 나무를 오르내릴 수 있어 편했다.

씨이잉!

순식간에 에코는 나무 밑에 도착했다. 그런데 바닥에 닿는 순간, 몸이 약간 휘청했다. 다시 중심을 잡고 고개를 들었더니 바로 앞에 시링크스가 서 있었다. 에코는 조금 당황했지만 일단 웃어 보였다. 그러고는 한쪽 팔은 들고 한쪽 팔은 내려서 그림 속의 페르세포네가 취했던 자세를 쭈뼛쭈뼛 흉내 냈다.

'소녀 신처럼 멋져 보이면 좋겠는데.'

이유는 정확히 모르지만 에코는 어쩐지 시링크스한테 인정

받고 싶었다. 시링크스가 다프네의 어린 시절 친구라서 그런 걸까? 에코는 왠지 모르게 시링스크에게 자신이 다프네의 단짝이 될 만한 아이임을 증명해야 할 것 같았다.

시링크스는 그런 에코의 모습에 감탄하기는커녕 피식 비웃었다. 그러더니 옆에 선 님프를 쿡 찌르며 나직이 속삭였다.

"내가 뭐랬어?"

주위에 있던 님프들이 대번에 고개를 끄덕이더니 키득키득 웃어 댔다. 에코가 팔을 슬며시 내리며 되물었다.

"뭐라고 했는데?"

"아, 아무것도 아냐."

시링크스는 천연덕스럽게 고개를 가로저었다. 하지만 시링크스와 주변 아이들 태도를 보니 분명 거짓말이었다. 에코는 창피하기도 하고 무시당했다는 생각에 풀이 죽었다.

'내가 뭘 어쨌다고 저래?'

시치미를 떼던 시링크스가 드디어 입을 열었다.

"우리도 아침에 잡지를 봤잖아. 여기 오는 길에 내가 애들한테 장담했거든. 네가 세 소녀 신 그림을 보고서 분명히 뭔가를 따라 할 거라고 말이야."

에코는 기가 막혔다.

'아윽! 얜 정말 나뭇잎에 핀 흰 곰팡이 같아! 너무 못됐어!'

다행히 다프네가 에코를 구해 주러 다가왔다.

"에코, 괜한 소리에 신경 쓰지 마. 자자, 얘들아, 학교 가자."

다프네는 밝게 웃으며 아이들을 길로 몰았다.

시링크스가 교환 학생으로 온 뒤로, 시링크스와 에코 사이에 신경전이 벌어지곤 했다. 그럴 때마다 다프네가 나서서 상황을 정리하고, 둘이 잘 지내게 하려고 애를 많이 썼다.

아이들이 우르르 학교 쪽으로 걸음을 옮기는데도 시링크스와 에코는 뒤에 남아서 서로를 못마땅한 눈으로 쳐다보았다. 그러다 시링크스가 하늘색 머리칼을 천천히 귀 뒤로 넘기자 에코도 무심결에 초록색 머리칼을 귀 뒤로 넘겼다.

에코의 행동을 지켜보던 시링크스가 코웃음을 치더니 에코 귀에만 들리도록 나직이 속삭였다.

"내가 못 살아. 그럴 줄 알았지. 순 따라쟁이 같으니라고!"

에코는 얼굴이 확 달아올랐다. 시링크스는 창피를 줘서 기분 좋은지 싱글거리며 다른 아이들 곁으로 가 버렸다. 동시에 다프네가 아이들 틈에서 빠져나와 에코의 곁으로 왔다.

"에코, 괜찮아?"

때마침 사슴 무리가 에코와 다프네 앞을 가로질러 지나갔고,

앞서가던 아이들과 둘 사이에는 어느 정도 거리가 생겼다.

"페르세포네처럼 머리를 꾸미고 옷을 비슷하게 만들어 입은 게 무슨 잘못이야? 모방은 최고의 칭찬이라잖아."

혹시 다프네가 모를까 봐 에코는 얼른 한마디 덧붙였다.

"그런 격언이 있어."

다프네는 에코와 함께 길에 쓰러진 나무를 넘으며 고개를 끄덕였다.

"응. 나도 알아."

다프네는 잠시 망설이다가 다시 입을 열었다.

"하지만 에코, 좀 조심하는 게 좋을 것 같아. 친구들 스타일을 따라 하는 건 그렇다 치더라도, 신들은 우리랑 다르잖아. 엄청난 힘을 지녔는걸. 자칫 사소하게라도 신들의 기분을 거스르는 행동을 했다간 크게 곤란해질 수가 있어. 너도 아라크네 사건 기억하지?"

"응. 거미 소녀 말이지?"

아라크네는 아테나에게 베 짜기 실력을 겨뤄 보자며 콧대 높게 굴다가 결국 아테나의 저주를 받아 거미로 변해 버렸다.

다프네가 고개를 주억이더니 에코를 걱정스레 바라보며 말했다.

"네가 키톤 스타일을 베낀 걸 알고 페르세포네가 널 옻나무로 바꿔 버리면 어떻게 해?"

"그러게. 어쩌면 더 나쁠 수도 있어. 옻나무 알레르기가 있는데도 옻나무에 붙어 살아야 하는 거미로 바꿔 버릴지도 몰라. 흠, 그러면 다리가 여덟 개니까 간지러울 때 실컷 긁을 수는 있으려나?"

다프네가 "풋." 하고 웃음을 터뜨렸다. 에코는 단짝과 함께 한바탕 신나게 웃고 나서 슬며시 물었다.

"알레르기 얘기가 나와서 말인데, 내가 옷이나 머리 모양을 따라 하는 데 다들 알레르기 반응을 보이는구나. 난 정말 몰랐어. 내가 친구들 스타일을 따라 하면 오히려 자랑스러워할 줄 알았거든. 비슷하게 흉내 내는 정도는 아예 못 알아차릴 거라고 생각하기도 했고."

다프네는 대답 없이 긴 청록색 머리카락을 손가락으로 빙글빙글 꼬기 시작했다. 곧바로 에코도 따라서 머리카락을 꼬다가 퍼뜩 자신의 행동을 깨달았다.

"아윽, 나 또 따라 하고 있네. 내가 못 살아!"

곧바로 시링크스의 짜증 섞인 목소리가 날아들었다.

"'내가 못 살아'? 넌 이제 내 말투도 베끼기로 했구나? 야, 똑바로 살아."

에코는 혼잣말하듯 나직하게 되쏘았다.

"너야말로 똑바로 살아."

학교로 향하는 아이들이 길에 점점 늘어나자, 에코는 말소리가 다른 사람에게 들리지 않도록 다프네 곁에 바싹 붙어 섰다.

"솔직히 네가 시링크스를 왜 좋아하는지 모르겠어. 진짜 못 됐잖아. 저 애가 오기 전만 해도 내가 뭘 하든 아무도 신경 쓰지 않았는걸."

깊은 숲속을 굽이굽이 감고 도는 오솔길에 들어서자 다프네가 어깨를 들썩이며 대답했다.

"솔직히 나도 시링크스가 어떨 땐 좀 벅차게 느껴지기도 해. 그래도 오래전부터 알고 지낸 사이잖아. 시링크스랑 나이아데스 이야기 나눌 땐 즐겁기도 하고. 사실 그곳에서 살던 시절이 그리울 때가 있거든. 너도 만약 바다라든가 다른 곳에서 살게 되면 숲이 그리울 거야."

"시링크스가 여기 더 오래 머물겠다고 하면, 난 쟤를 피해 냅다 바다로 뛸 거야."

에코는 농담을 던졌다가 이내 진지한 얼굴로 덧붙였다.

"시링크스에 대한 네 마음을 이해할 것 같아. 그리고 맞아,

나도 숲을 떠나게 된다면 분명 이곳을 그리워할 거야. 그런데 가끔은 다른 님프의 생활은 어떤지 궁금하기도 해. 한 나무에 매여 있지 않은 삶은 어떨까 하고 말이야."

"말도 안 돼! 우리가 깃들어 사는 나무를 떠나면 너무 슬프고 불행할 거야. 내가 로럴링을 사랑하는 만큼 너도 완소나무를 사랑하잖아."

다프네는 자신이 깃든 월계수한테 로럴링이라는 어여쁜 이름을 붙여 주었다.

"에코 너도 알다시피 님프마다 사는 방식이 달라. 나이아데스는 원하면 다른 지역에 옮겨 가서 살 수 있지. 이제 난 나무의 님프인 드리아데스가 되었고 앞으로도 그럴 거야. 우리 드리아데스와 같이 나무의 님프인 오레이아데스, 하마드리아데스는 모두 숲에 굳건히 뿌리를 내리고 사는 운명이야. 그건 절대 변하지 않아."

나만의 방식

학교에 다다랐을 무렵, 숲속에서 난데없이 소란이 일어났다. 에코와 다프네는 놀라서 소리 나는 쪽으로 고개를 돌렸다.

딸랑, 딸랑, 딸랑!

목에 자그마한 종을 단 하얀 염소 떼가 숲을 지나가고 있었다. 그런데 염소 중 한 마리가 대뜸 두 님프에게 말을 걸었다!

"뭐 함매애애애. 빨리 안 가면 늦음매애애애!"

다프네가 눈을 휘둥그레 떴다.

"지금 염소가 우리한테 서두르라고 재촉한 거야?"

그 순간 목축을 돌보는 소년 신 판이 염소 떼 속에서 풀쩍 뛰어나왔다. 자연 학교는 남학생 수가 양손으로 꼽을 수 있을 만큼 적은데, 늘 방긋방긋 웃고 다니며 짓궂은 장난을 즐기는 판이 그중 한 명이었다.

"그렇슴매애애애."

판이 춤을 추며 대답했다.

"오늘 아침 주인공은 나임매! 나임매! 음매애애헤헤헤!"

판은 싱글벙글 웃으며 에코와 다프네를 자연 학교가 열리는 숲속 빈터로 몰았다.

"어머! 애, 우리가 염소 떼니?"

에코가 웃으며 핀잔을 주었다.

"응, 아닌 거 알아."

판은 이미 다른 데 정신이 팔린 듯했다. 판의 눈길이 바쁘게 움직이는 걸 보며 에코는 판이 누구를 찾는지 알아차렸다.

'시링크스를 찾고 있구나. 난 도대체 이유를 모르겠지만, 판은 시링크스를 정말로 좋아하나 봐.'

'모든'이란 뜻의 이름을 지닌 판은 이름에 걸맞게 무슨 일이든 시작하면 '모든' 걸 걸었다. 지금까지는 악기를 만들고 연주하는데 '모든' 열정을 불태웠는데, 요즘은 짝사랑에 '모든' 마음을 쏟아붓고 있었다. 게다가 판이 좋아하는 상대는 며칠마다 휙휙 바뀌는데, 안타깝게도 그중 누구도 판의 마음을 받아 주려 하지 않았다. 대부분은 염소처럼 말하는 판의 말버릇을 못 견뎌 했고, 뾰족한 귀에 염소 다리와 꼬리가 달린 판의 외모를 싫어하는 아이도 있었다.

그런 판이 이번에는 하필 시링크스를 짝사랑하는 통에, 에코는 판이 크게 상처받지 않을지 걱정되었다. 저 못된 님프는 판의 마음을 받아 줄 생각이 없다는 티를 팍팍, 그것도 아주 밉살스럽게 냈다.

그래도 판은 쉽게 물러서지 않았다. 에코가 멀찍이 서서 지켜보는 사이, 판은 시링크스에게 소담스러운 데이지 꽃다발을 가져갔다.

"장미는 붉고, 제비꽃은 푸르고, 시링크스는 사랑스럽매애애애."

"어휴, 고맙매애애애."

시링크스가 판의 말투를 흉내 내자 판의 얼굴이 벌게졌다. 시링크스가 꽃다발을 받아 준 게 기뻐서인지, 아니면 자신의 말투를 놀리는 게 부끄러워서인지 에코는 판의 마음을 알 수가 없었다.

'판이 한 번씩 염소 소리를 내는 게 뭐 어때서? 몸의 절반이 염소인데 어쩌라고?'

판이 뒤돌아서자마자, 시링크스는 바로 꽃다발을 내던져 버렸다.

"맙소사, 너도 봤지?"

에코가 다프네에게 물었다. 친구 판의 마음이 무시당한 게 너무 분했다.

다프네가 한숨을 푹 쉬며 대답했다.

"그냥 모른 척해 주자. 다음 주면 돌아가는걸, 뭐. 이러다 지각하겠어. 우리도 서두르자."

에코는 어금니를 꽉 깨물고서 화를 꾹꾹 눌렀다.

"노력해 볼게."

이윽고 에코와 다프네는 학교에 도착했다. 아침 안개가 은은하게 낀 숲속 빈터는 이 마을 학생 200명이 동시에 앉을 수 있을 만큼 충분히 넓었다. 빈터 가장자리에는 우람한 고목나무 여덟 그루가 둥글게 서 있는데, 이들이 바로 오랜 세월을 살며 마법 능력을 지니게 된 나무 선생님들이었다. 학생들은 각기 다른 과목을 가르치는 여덟 선생님을 '자연 학교를 상징하는 나무'라는 뜻에서 *교목 쌤*이라고 불렀다.

학생들이 빈터 곳곳에 저마다 자리를 잡고 앉기 시작했다. 에코는 빨간 바탕에 하얀 점무늬 갓을 쓴 버섯 위에 책상다리를 하고 앉아서 다프네에게 곁으로 오라고 손짓했다. 그러나 시링크스가 대뜸 다프네의 팔짱을 끼더니 둘만 앉을 수 있는 두툼한 안개 벤치 쪽으로 데리고 가 버렸다.

'그러시든가! 참자, 참자. 시링크스가 강으로 돌아가기만 하면 모든 일이 원래대로 돌아갈 거야. 그때는 아이들이 저 애의 삐뚤어진 성격에 말려들지 않을 테니 나랑 얼마나 친했었는지 기억하겠지.'

"여러분, 좋은 아침이에요."

모든 학생이 자리에 앉자 교목 쌤들이 한목소리로 인사를 건넸다. 여덟 선생님 모두 하마드리아데스 출신인데, 그중에는 수천 년 이상 살아온 분도 있었다. 지금 모습을 보면 상상하기 쉽지 않지만, 교목 쌤들도 한때는 에코와 친구들처럼 숲을 신나게 돌아다니던 어린 님프였다. 오랜 세월 나이를 먹으면서 선생님들은 점점 더 지혜가 깊어졌고, 각자 깃든 나무와 완전히 한 몸이 되었다. 이제 선생님들의 얼굴은 나무 기둥 윗부분이 되었고, 팔은 수많은 가지로 변해서 날이 궂을 때면 아이들이 비를 맞지 않도록 든든한 우산이 되어 주었다. 여덟 선생님 모두 이곳에 영원히 머물며 어린 님프들에게 자신의 지혜를 나눠 주기로 굳게 다짐하고서 땅에 깊이 뿌리를 내렸다.

수업이 시작되자, 교목 쌤들이 돌아가며 오늘의 수업 과제를 소개했다. 여덟 나무가 둥글게 둘러서 있으니 학생들은 이야기 차례에 맞추어 끊임없이 고개를 돌려야 했다.

"오늘은 채집 활동을 할 거란다."

호두나무 카리아 선생님이 열매가 주렁주렁 열린 가지 팔로 학생들이 가게 될 숲을 가리켰다.

땅에 뿌리를 깊이 박고 있는 교목 쌤들과 달리 자연 학교 학생들은 숲을 돌아다니는 시간이 많았다. 자연 학교는 학생들이 학교 밖의 넓은 세상에서, 많은 관찰과 실습을 통해 배움을 얻도록 북돋워 주었다. 물론 간간이 학교 안에서 수업을 할 때도 있기 때문에 수업 내용을 받아 적을 수 있도록 석판과 석필도 마련되어 있었다.(에코는 선생님이 안 볼 땐 패션 아이디어를 끄적이기도 했다.)

"오늘 과제는 숲에서 발견한 것들로 갑옷을 만드는 거야. 수업 끝나는 시간에 맞춰 각자 만든 갑옷을 입고 이곳으로 돌아오면 된다."

느릅나무 프텔레아 선생님에 이어 떡갈나무 발라노스 선생님이 과제를 설명했다.

"더불어 친구들 앞에서 발표할 내용도 준비해 와야 해. 자신이 만든 갑옷을 입으면 어떤 위험으로부터 어떻게 몸을 지킬 수 있는지 말이야."

"어떻게 몸을 지킬 수 있는지……."

에코는 선생님 말씀을 되뇌어 보았다.

이번에는 올리브나무 모레아 선생님이 말을 받았다.

"예를 들자면 질병이나 천재지변 같은 위험이 있겠지. 오늘은 숲에 사는 동물과 식물 들을 더욱 자세히 살펴보도록 하렴. 저마다 어떻게 자신을 보호하는지 잘 관찰해서 발견한 내용을 바탕으로 여러분의 갑옷을 만드는 거야."

길쭉하면서도 반짝이는 나뭇잎을 지닌 모레아 선생님은 소문에 따르면 나이가 삼천 살이 넘는다고 했다. 에코는 여덟 교목 쌤 중에서 모레아 선생님을 가장 따랐다.

"어떤 것을 바탕으로 뭔가를 만들면 베끼는 거 아녜요?"

에코는 혼란스러운 마음에 질문을 던졌다.

"알긴 아나 봐."

건너 건너편 안개 벤치에 앉은 시링크스가 대뜸 비아냥댔다. 옆에 앉아 있던 다프네가 무안했는지 시링크스를 나무라는 듯했다. 하지만 이미 시링크스 주변의 님프들이 그 말을 듣고 까르르 웃어 대고 있었다.

키가 30미터가 넘는 포도나무 암펠로스 선생님이 에코의 질문에 대답했다.

"하늘 아래 새것은 없는 법이지. 모든 발명은 이전에 있던 것에 힘입어 이루어지기 마련이란다. 그러니 자신만의 작품을 만들되 자연에서 아이디어를 자유롭게 빌려도 좋아."

아이들에게 인기가 많은 포플러나무 아이게이로스 선생님이 한마디 거들었다.

"네 방식으로 잘 바꾸면 네 것이 되는 거란다, 이해했지?"

'아니요.'

솔직히 에코는 전혀 이해가 되지 않았다. '자기 방식으로 잘 바꾸는 것'과 '따라 하기'는 도대체 뭐가 다른 걸까?

'어우, 헷갈려!'

무엇보다 갑옷을 어떻게 만들어야 할지 아이디어가 도무지 떠오르지 않았다. 에코가 잘 모르겠다는 듯이 어깨를 들썩이자 뒤에서 시링크스가 또 키득댔다. 에코가 뒤를 휙 돌아보자 시링크스는 짐짓 기침하는 척하며 딴청을 피웠다.

모레아 선생님이 에코와 시링크스를 번갈아 쳐다보았다. 이마 부분 나무껍질에 자글자글 주름이 졌다. 둘 사이에 문제가 있다는 걸 알아차린 모레아 선생님은 나뭇가지 팔을 간닥이며 앞으로 나오라는 신호를 보냈다.

"에코! 시링크스! 올리브나무 아래로 오렴."

에코는 속으로 중얼거렸다.

'아윽, 망했다.'

올리브나무가 평화를 상징하는 만큼, 자연 학교에서는 친구와 문제가 있을 때 모레아 선생님 앞에서 서로 이야기 나누고 화해하는 시간을 가져야 했다. 에코는 속으로 한숨을 푹 내쉬며 마지못해 자리에서 일어섰다.

에코와 시링크스가 앞에 서자, 모레아 선생님은 나뭇가지 팔로 두 아이의 어깨를 쓱 감싸 안았다. 선생님의 팔에서 잎사귀가 팔랑팔랑 떨어져 내렸다. 누가 들을 염려 없이 아이들이 솔직하게 이야기를 나누게 해 주려는 선생님의 배려였다. 모레아 선생님은 나무껍질 눈썹 아래 커다란 갈색 눈으로 에코와 시링크스를 찬찬히 살폈다.

"어여쁜 님프들아, 무슨 일이니? 둘 사이에 어쩐지 신경전이 벌어지는 것 같은데?"

"아니요, 아무 문제 없어요."

시링크스가 가짜 미소를 방긋 지으며 대답했다.

"저희끼리만 아는 농담을 하며 장난친 것뿐이에요. 그렇지,

에코?"

"어…… 네, 맞아요."

에코도 어물쩍 장단을 맞추었다. 못된 시링크스는 얄밉기 짝이 없지만, 에코는 다프네를 위해서 문제를 크게 키우지 않기로 마음먹었다. 모레아 선생님이 계속 넌지시 캐물었지만, 에코도 시링크스도 계속 발뺌했다. 결국 두 님프는 자연 학교의 전통을 따라 화해했다는 뜻으로 평화를 상징하는 올리브 나뭇가지를 함께 꼭 잡았다. 그것만으로 둘이 신경전을 끝내고 곧바로 친구가 될 수 있으면 좋으련만.

'흥, 화해는 무슨 화해!'

에코는 자리로 돌아가면서 속으로 중얼거렸다.

'제발 시링크스가 하루라도 빨리 강으로 돌아가면 좋겠어.'

"자, 여러분."

벗이 많은 벚나무 크라네이아 선생님이 다시 과제 내용을 전달했다.

"갑옷 만들기는 개인 과제니까 조를 이루지 말고 각자 준비해 오도록."

무화과나무 시케 선생님이 얼른 설명을 덧붙였다.

"해가 지기 전까지 과제를 마무리해야 해. '사슴이 숙제를 먹어 버렸어요.'라든가 '딱따구리가 제 숙제를 쪼아서 망가뜨렸어요.' 이런 핑계를 대는 아이들에겐 선생님이 **무조건 화를 과**하게 낼 것이니 엄두도 내지 말도록."

끝으로 여덟 교목 쌤이 먼저, 뒤이어 모든 학생이 함께 오늘의 맹세를 읊었다.

여린 꽃과 어린잎 가득한 숲길
발걸음을 디딜 땐 조심 가득히.
자연은 고귀한 하늘의 선물
그 속에서 우리 큰 배움 얻으리.

모든 순서가 끝나자 자연 학교 학생들은 오늘의 과제를 하기 위해 떠날 채비를 했다. 조를 짜지 말라고 했기 때문에 에코와 다프네는 손을 흔들며 작별 인사를 나눴다. 아이들은 하나둘 갑옷을 만들 재료를 찾아 각기 다른 방향으로 흩어졌다.

에코는 빈터를 떠나 숲으로 들어섰다. 주변 올리브나무, 무화과나무, 사이프러스나무 사이로 새들이 신나게 날아다니고, 키 작은 덤불과 꽃 사이에서 희고 노란 나비들이 팔랑팔랑 춤을 췄다. 에코의 머리에 잠시 내려앉았다가 떠나는 나비도 있었다. 그러나 에코는 갑옷 디자인에 온 신경을 쏟느라 나비가 다녀간 줄도 몰랐다.

숲속을 타박타박 걷던 에코는 길 위에서 커다란 딱정벌레를 발견하곤 그 곁에 쪼그려 앉았다. 딱정벌레 중 가장 크다는 골리앗왕꽃무지였다. 에코는 갑옷처럼 단단한 곤충의 껍데기를 찬찬히 살펴보았다. 딱정벌레 같은 갑옷을 에코의 몸에 맞는 크기로 만들려면 껍데기가 엄청나게 필요할 듯했다. 교목 쌤들이 과연 그런 일을 받아들이실까? 껍데기를 얻으려고 딱정벌레를 잔뜩 죽이다니! 지금까지 에코는 작은 곤충 한 마리의 목숨도 빼앗은 적이 없었다.

'매일 아침 숲속을 걸을 때 조심히 걷겠다고, 숲의 그 어떤 생명체에게도 해를 입히지 않겠다고 맹세하는걸.'

에코는 자리에서 일어나 또 다른 아이디어를 찾아 발걸음을 옮겼다.

학교에서 꽤 멀리 떨어진 곳에 다다를 때까지 에코는 어떤 방법으로 갑옷을 만들어야 할지 곰곰이 생각하며 걸었다.

'나무도 껍질로 둘러싸여 있지. 하지만 내 갑옷을 만들려고 나무껍질을 벗길 순 없어. 불쌍한 나무가 병충해를 막을 방법이 없잖아. 게다가 나무껍질 갑옷은 따갑고 거슬거슬할 거야.

무거운 건 말할 필요도 없고.'

문득 솔방울 하나가 에코의 발치에 툭 떨어졌다.

'어라?'

에코는 솔방울을 들어 찬찬히 살펴보았다. 비늘 같은 조각이 겹겹이 달려 안에 든 씨를 보호하고 있었다.

'이것도 일종의 갑옷이네.'

에코는 얼른 마른풀로 가방 하나를 짰다. 그러고는 햇빛이 아른거리는 숲 바닥 곳곳에서 솔방울을 모았다.

'이걸로 어떻게든 갑옷을 만들어 보자.'

그렇게 돌아다니다 보니 에코는 어느새 '야수의 숲'이라는 곳에 들어서고 말았다. 올림포스 학교의 소년 소녀 신들이 훈련을 하러 오는 숲인데, 자연 학교에서는 1.5킬로미터 정도 떨어져 있었고, 올림포스 학교에서는 거리가 꽤 멀었다.

다행히 에코는 야수의 숲이 낯설지 않았다. 자연 학교 학생들은 제우스의 허락을 받고 2주에 한 번씩 화요일에 이곳으로 와 낯선 야수와 괴물을 관찰하고 공부했다. 지난번 수업 때는 괴물에게 잡히지 않도록 주변 숲에 들어가 모습을 감추는 연습을 했던 참이었다. 사실 이 숲을 어슬렁대는 어둠의 존재는 기계로 만들어 낸 복제 괴물이지만, 흉측하고 위험하기는 진짜나

매한가지였다!

갑자기 서늘한 바람이 휭 불어왔다. 에코는 고개를 들어 하늘을 살폈다.

"비가 오려나 보네."

자연 학교 수업은 날씨가 궂어도 취소되는 법이 없었다. 폭우가 내리면 교목 쌤들은 학생들이 과제를 마칠 수 있도록 마감 시간을 늦춰 주었다. 비가 오면 앞이 잘 보이지 않고, 길이 질퍽해져서 돌아다니기 쉽지 않기 때문이었다. 그래도 에코는 마감 시간이 연장되는 것보다 다음 날로 아예 넘어가기를 바랐다.

'비를 쫄딱 맞으면서 하루 안에 이런 과제를 해내려면 괴물 같은 노력이 필요하다고!'

그때, 갑자기 번쩍하고 눈부신 빛줄기가 하늘을 갈랐다. 에코는 놀란 마음을 진정시키며 곧 이어질 천둥소리를 기다렸다. 그런데 한참 기다려도 아무런 소리가 들리지 않았다.

'이상하네?'

그 순간, 천둥소리 대신 누군가의 목소리가 들렸다. 에코는 놀라서 가만히 숨을 죽였다. 가까이에 있는 모양이었다. 에코는 얼른 근처 고사리 덤불 속에 몸을 숨기고서 주변을 살폈다.

이따금 올림포스 학교 학생들이 활쏘기나 전투 기술을 갈고

닦기 위해 야수의 숲에 오는데, 그런 날이면 님프들은 안전 문제 때문에 이곳을 드나들 수 없었다.

'올림포스 학교 학생이 온 건가? 잠깐, 오늘은 수요일이잖아. 거기 학생들은 금요일에만 오는데. 누구지?'

이내 빗방울이 투둑투둑 떨어지더니 "쏴." 하고 장대비로 변했다. 에코뿐만 아니라 님프라면 누구나 날씨에 크게 개의치 않았다. 날이 맑든 궂든 밖을 돌아다니는 데 익숙하기 때문이었다.

하지만 또다시 빛줄기가 하늘을 가른 순간, 에코는 놀라서 눈을 끔벅였다.

'이번에도 천둥소리는 안 들려. 진짜 희한하네!'

아무래도 폭풍우가 몰려올 듯했다. 에코는 조금 전에 들은 목소리를 까마득히 잊은 채 솔방울 가방을 챙겨 얼른 집으로 돌아가기로 마음먹었다.

번개가 계속 번쩍번쩍하기에 에코는 발걸음을 재촉했다. 나무 사이로 다른 님프들의 모습이 언뜻 보였다. 다들 서둘러 집으로 돌아가는 듯했다. 님프들이 돌보는 나무는 키가 크기도 하거니와 나무 속에 흐르는 수액 때문에 번개의 목표물이 되기 쉬웠다. 듣자 하니 인간은 폭풍우가 칠 때 오히려 더 위험하다며 숲을 꺼린다는데, 님프들은 그런 걱정을 하지 않았다. 님프의 보호 주문이 님프와 그들의 나무를 안전하게 지켜 주기 때문이었다.

'헉, 맞다! 보호 주문!'

오늘 아침 에코는 시링크스의 주문을 따라 만든 새 주문을 읊은 뒤, 평소 외우던 자신의 주문도 걸 생각이었다. 그런데 서두르다 그만 잊어버린 게 이제야 떠올랐다.

'시링크스의 주문이 내 주문만큼 보호 능력을 발휘할까?'

에코는 찜찜한 기분이 들었다. 꺼림칙한 느낌은 이내 섬뜩한 불안감으로 자라났다. 에코는 벌렁대는 심장을 안고 집을 향해 바람같이 달리기 시작했다.

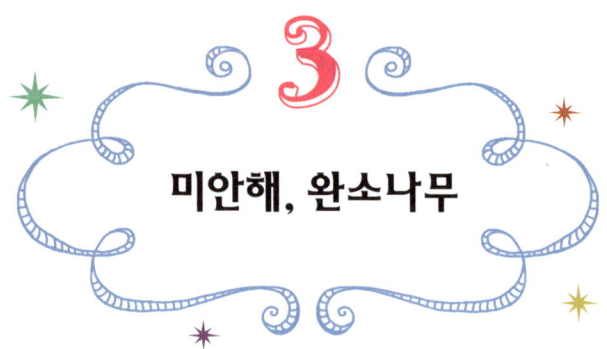

3 미안해, 완소나무

완소나무까지 스무 걸음 정도 남았을 때, 에코는 다급하게 주문을 외쳤다.

내 사랑하는 나무를 지켜 주소서.
날 선 도끼날 닿지 않게 하소서.
님프의 마법이 다가오는 위험
모두 물리치게……

콰쾅!

······하여 주소서.

에코는 엄청난 굉음에 묻히지 않도록 목이 터지라 주문을 외쳤다. 하지만 이미 늦은 뒤였다. 번개가 완소나무를 거세게 때렸다. 그런데 이 번개는 하늘에서 내리꽂히는 게 아니라 숲에서 뻗어 나와 옆으로 치는 듯이 보였다.

위이잉!

에코는 전기 충격파를 맞고서 튕겨 나가 낙엽 더미 위에 털썩 쓰러졌다. 겨우 고개만 들고 앞을 확인하자 끔찍한 광경이 펼쳐져 있었다. 주문에 나오는 날 선 도끼날에 내리찍히기라도 한 듯, 완소나무 밑동이 뚝 잘려 나가 있었다. 실제로는 도끼가 아니라 번개에 당한 거지만, 어쨌든!

이내 나무 기둥이 옆으로 끼이익 기울더니 이웃 친구들의 나무와 쓰러진 에코를 아슬아슬하게 비끼며 "쾅!" 하고 땅에 쓰러졌다.

"완소나무!"

에코는 절망에 차서 비명을 질렀다. 나무는 말을 하지 못하지만, 그 나무를 지키는 님프와 감정이 하나로 묶여 있었다. 완소나무가 번개에 쓰러지자 둘 사이의 감정 연결선도 동시에 뚝 끊어져 버렸다.

에코는 자리에서 허겁지겁 일어나 완소나무의 두툼한 가지를 헤치고 끊어진 기둥에 다가갔다. 번개가 남긴 상처는 예상보다 훨씬 심각해서 나무줄기 한가운데의 연한 심까지 허옇게 드러나 있었다. 설령 기둥이 꺾이지 않았다 해도, 이대로는 온갖 벌레의 먹잇감이 되고 말 터였다.

에코는 무너져 내리는 마음으로 나이테를 세어 보았다. 꼭 열두 개였다. 완소나무는 키가 15미터가 넘지만, 에코처럼 이제 겨우 열두 살이었다. 님프가 보호하는 나무는 여느 나무보다 빨리 자랐다.

'난 엉터리 보호자였어. 그러니 내 나무가 이런 꼴을 당하지.'

에코는 천천히 돌아섰다. 쓰러진 완소나무의 상처투성이 몸과 사방에 흩어진 잎사귀를 차마 보고 있을 수가 없었다.

에코는 뒤틀린 나뭇가지를 뒤로하고 완소나무의 남은 밑동 옆에 쪼그리고 앉았다.

이웃 님프들이 한 명씩 혹은 무리 지어 에코 곁으로 몰려들었다. 다들 발소리조차 내기 조심스러운 듯했다. 님프들이 충격과 절망에 잠긴 채 웅성대는 소리가 에코의 귀에 닿았다.

그때 누군가 에코의 등을 다정하게 쓰다듬었다.

'다프네구나.'

"어떻게 이렇게 끔찍한 일이!"

단짝 다프네가 슬픔에 잠긴 목소리로 말을 걸어왔다.

"에코, 난 이해가 안 돼. 보호 주문이 완소나무를 보호해 줬을 텐데. 다른 나무는 모두 무사하거든."

에코는 한참 동안 차마 대답하지 못하다가 어렵사리 입을 열었다.

"아침에 새로운 주문을 시도해 보느라고 원래 주문을 읊지 않았어."

"주문을 바꿨다고?"

다프네가 소스라치며 되물었다. 에코 주변에 있던 님프들도 "헉!" 하고 낮게 비명을 지르며 뒤로 주춤 물러섰다.

에코는 나름대로 변명하려 했다.

"시링크스가 강의 님프들은 매일 주문을 바꾼다고 해서 나도 해 봤어."

그러자 시링크스가 어이없다는 듯이 눈을 희번덕거리며 쏘아붙였다.

"지금 누구 탓을 하는 거니? 난 너더러 똑같이 해 보라고 한 적 없어."

주변의 님프들이 비난하는 눈빛으로 에코를 바라보며 수군대기 시작했다.

"하여간 따라쟁이……."

"어떻게 그런 일을……."

"나무가 너무 불쌍해……."

아이들 말이 옳았다. 숲의 님프의 보호 주문을 읊지 않았다니, 경솔하기 짝이 없는 짓이었다.

'아, 시간을 되돌릴 수만 있다면…….'

숲의 님프들 중 오직 다프네만이 에코를 안으며 위로의 말을 건네주었다. 다른 아이들은 대놓고 말하지 않아도 속으로는 자신을 비난하고 나무라고 있다는 걸 에코는 느낄 수 있었다.

'나도 내가 원망스러운걸. 님프라면 자신의 나무를 번개든 질병이든 궂은 날씨든 산불이든 모든 어려움에서 보호하고 지킬 의무가 있는데, 난 이게 뭐야.'

에코는 부서진 나무 밑동을 꼭 끌어안았다.

"완소나무, 미안해. 정말 미안해."

이내 폭풍이 다시 몰려오기 시작했다. 모여 있던 님프들은 서둘러 자기 나무로 돌아갔다.

"에코, 가자. 로럴링에서 우리 같이 지내면 돼."

다프네의 따뜻한 말에도 에코는 서글프게 고개를 저었다.

"아니. 완소나무를 혼자 두지 않을래. 이제 뿌리랑 밑동밖에 안 남았다 하더라도 말이야."

시링크스가 이미 로럴링에서 다프네와 함께 지내고 있는 터라 솔직히 에코는 잘난 척하는 시링크스의 얼굴을 마주하고 싶지 않았다.

"다프네, 어서 가. 로럴링을 지켜 줘야지. 번개가 또 공격할지도 몰라."

님프가 안에 머물면 그 나무는 보호 주문 이상의 더욱 강력한 보호를 받을 수 있었다.

"알았어. 그럼 이따가 다시 올게."

홀로 남은 에코는 슬픔에 잠겨 비가 쏟아지고 있다는 것도 알아차리지 못했다.

폭풍이 물러가고 한참 시간이 흐른 뒤, 누군가 다가오는 발소리가 들렸다. 다프네와 판이었다. 두 친구가 음식을 챙겨 왔지만 에코는 한 입도 댈 수가 없었다.

밤이 찾아왔다. 에코는 여전히 완소나무의 밑동 옆에 멍하니 앉아 있었다. 둘은 이제 감정을 나눌 수는 없었지만, 그래도 에코는 완소나무 곁을 지키며 아주 조금이나마 위안을 주고 싶었다. 그날 밤 에코는 밑동 옆으로 뻗어 나간 완소나무의 두툼한 뿌리에 머리를 기댄 채 그 자리에서 잠들었다.

다음 날 아침, 따스한 햇볕이 쓰러진 나무를 위로하듯 어루만지자 산뜻한 소나무 향이 주위를 가득 채웠다. 다른 아이들은 학교에 갔지만, 에코는 완소나무 곁에 남아서 부러진 가지를 치우고 남은 마루 널빤지 중 쓸 만한 것을 골라서 모았다. 땅에 흩어진 덩굴 사다리나 옷가지들도 일단 챙겼다. 패션 아이디어를 모은 메모판은 크게 망가졌지만, 아직 알아볼 수 있는 그림들은 잘 마르도록 양지바른 곳에 펼쳐 놓았다. 그러다 지붕으로 쓰던 방수막을 찾아낸 순간, 에코의 머릿속에 아이디어 하나가 번쩍 떠올랐다. 곧장 에코는 모아 둔 나뭇가지와 널빤지로 완소나무의 밑동 옆에 작은 오두막을 짓기 시작했다.

학교가 끝나자 다프네와 판이 에코를 찾아왔다. 두 친구가 거들어 준 덕분에 에코는 금방 오두막을 완성할 수 있었다. 일이 마무리되자 판은 집으로 돌아갔지만 다프네는 오두막에서 에코와 함께 저녁 식사를 하겠다고 고집을 피웠다. 다프네는 먹을 것뿐만 아니라 나뭇가지로 만든 요리 도구며 조개껍데기로 만든 접시, 마른풀을 채운 베개 등 살림살이도 가져다주었다.

다프네가 장만해 온 채소 파이와 산딸기로 식사를 마칠 즈음, 판이 다시 오두막에 왔다. 판은 완소나무의 솔방울로 새로운 악기를 만들더니 열심히 연주하기 시작했다.

'판이 내 기운을 북돋워 주려고 그러는구나.'

에코는 판의 마음 씀씀이가 고마웠다.

"애들아, 솔직히 말해 줘."

판이 한 곡을 연주하더니 머뭇머뭇 이야기를 꺼냈다.

"방금 연주 어땠어? 아폴론의 천상천하 밴드에 들어갈 수 있을 정도로 괜찮았어?"

판은 자신이 만든 악기로 아폴론의 밴드와 합주하는 날이 오기를 늘 꿈꿨다.

에코와 다프네는 아무 대답도 하지 못했다. 솔직히 에코는 완소나무를 잃어버린 슬픔 때문에 판의 음악이 전혀 귀에 들어오지 않았다.

"별로구나?"

판이 기죽어서 중얼거렸다.

"뭔가 근사한 악기를 새로 만들어야 할 것 같아. 한 번도 들어 본 적 없는 멋진 소리를 내는 악기가 필요해."

다정다감한 다프네가 판을 응원해 주었다.

"차차 좋은 아이디어가 떠오를 거야."

에코는 자신이 판을 격려해 줄 차례라는 걸 알았다. 하지만 그러기에는 마음의 상처가 너무 깊어서 에코는 입이 잘 떨어지지 않았다.

바로 그때, 에코의 머릿속에 새로운 계획이 자리 잡았다.

'그래. 아직 다 끝나 버린 건 아닌지도 몰라. 교목 쌤들이라면 날 도와주실 수 있을 거야.'

이윽고 해가 저물었다. 다프네를 비롯한 모든 님프와 판이 각자의 나무와 집으로 돌아가자, 에코는 오두막에서 살며시 빠져나와 곧장 모레아 선생님을 찾아갔다.

"에코, 이렇게 날 찾아오다니 반갑구나. 완소나무 소식은 들었단다. 어떻게 그런 슬픈 일이 일어났는지 모르겠구나."

모레아 선생님이 다정한 위로를 건네며 가지를 활짝 펼쳤다. 에코는 얼른 선생님 품으로 뛰어들어 나무 기둥을 꼭 안았다.

잠시 후 에코는 모레아 선생님 품에서 나와 사정을 설명했다. 자신의 나무에도 통할 거라 생각해 시링크스의 보호 주문을 읊었는데 끔찍한 결과만 불러왔다고 말이다.

"그랬구나. 강물은 끊임없이 흐르고 호수의 물결은 잠시도 멈추지 않고 변하잖니? 그러니 보호하는 주문도 매번 달라야 하나 보구나. 그런데 우리 나무는 그 자리를 단단히 지키며 영원히 존재하니 보호 주문도 항상 같아야 하겠지."

"아."

생각해 보니 다프네도 비슷한 이야기를 한 적이 있었다. 강과 호수에 사는 나이아데스는 원하면 다른 지역의 님프로 변할 수 있지만, 숲에 사는 오레이아데스와 드리아데스는 달랐다.

'하지만 모레아 선생님의 말씀 중 나무가 영원히 산다는 얘기는 사실이 아니야. 완소나무는 죽었는걸.'

에코의 볼을 타고 굵은 눈물이 주르륵 흘러내렸다.

"선생님, 완소나무를 되살릴 방법이 없을까요?"

에코의 질문에 여덟 나무 선생님이 동시에 가지를 파르르 떨었다. 슬프고도 쓸쓸한 소리가 빈터를 채웠다. 나머지 일곱 선생님도 모레아 선생님과 에코의 대화에 내내 귀를 기울이고 있던 모양이었다.

선생님들이 한목소리로 대답했다.

"정말 안됐지만, 그런 방법은 없단다."

중요한 일이 있을 때면 여덟 나무 선생님은 이처럼 하나가 되어 말했다.

"선생님, 제발요. 도와주세요."

에코는 여덟 나무 선생님을 번갈아 보며 간절하게 부탁했다.

"완소나무를 잃고 나서야 제가 그 나무를 얼마나 사랑했는지 깨달았어요. 전 완소나무가 언제까지나 제 곁에 머물러 줄 거라고 생각했어요. 하지만……."

교목 쌤들은 안타까운 눈으로 에코를 그윽이 바라보았다.

"완소나무가 되살아나면 그 나무를 더 잘 돌볼 수 있는 이에게 넘길 수 있겠니?"

선생님들의 말에 에코는 생각만 해도 가슴이 쓰라렸지만, 자신의 나무를 되살리기 위해서라면 어떤 일도 할 작정이었다.

선생님들은 다시 입을 모아 말했다.

"그런데 문제는, 우리에겐 그럴 만한 능력이 없다는 거야."

에코는 계속 간절하게 매달렸다. 하지만 선생님들에게 그런 능력이 없다는 건 너무 분명해 보였다.

"그럼 에코한테 새 나무를 주시면 안 될까요?"

누군가가 애원했다. 몰래 빈터에 와서 이야기를 듣고 있던 다프네가 에코 곁으로 다가왔다.

"에코는 좋은 뜻으로 새 주문을 만들었던 거예요. 완소나무를 사랑하니까요. 저희도 늘 실수를 저지르잖아요."

선생님들은 안 된다는 뜻으로 다 같이 가지를 휘휘 저었다.

"님프에게 나무는 일생에 한 번 받는 선물이란다."

문득 모레아 선생님이 아이디어가 떠오른 듯 윗가지를 꼿꼿이 세웠다.

"혹시…… 제우스 님이라면 예외를 허락해 주실 수 있지 않을까?"

모레아 선생님이 중얼거리자 다른 일곱 선생님이 기겁했다.

"이 문제를 제우스 님께 가져가자고?"

모레아 선생님이 고개를 끄덕이듯 나뭇가지를 위아래로 흔들었다.

"제우스 님은 올림포스 학교장일 뿐 아니라 신들의 제왕이자 하늘을 지배하는 분이시잖아."

나머지 일곱 선생님은 내키지 않는 듯 머뭇대다가 마침내 입을 모아 에코와 다프네에게 말했다.

"한번 생각해 보마. 괜찮겠다 싶으면 올림포스 학교로 전갈을 보낼게. 일단 오늘은 이만 가 보렴."

에코와 다프네는 교목 쌤들께 감사의 인사를 했다. 완소나무를 되살려 주지는 못했지만 최선을 다해 학생들을 도와주려는 마음이 감사할 따름이었다.

"그래도 교목 쌤들을 찾아온 보람이 있네."

다프네가 환한 얼굴로 에코와 함께 빈터를 나서며 말했다. 다프네는 선생님들의 제안에 희망이 솟는 모양이었다. 에코는 조심스럽게 대답했다.

"난 다른 나무는 원하지 않아. 꼭 완소나무를 되살리고 싶어. 설사 다른 님프한테 넘겨줘야 한다고 해도 말이야."

집으로 돌아가는 내내 다프네는 모든 게 잘될 거라고, 교목 쌤들이 제우스 님을 설득해서 다른 나무를 얻게 해 주실 거라고 에코를 설득했다. 하지만 에코는 다프네의 말을 한 귀로 듣고 한 귀로 흘렸다. 단짝 친구지만 다프네는 에코의 마음이 아픈 이유를 이해하지 못하는 듯했다. 에코에게는 오직 완소나무뿐이었다.

'이제 내 집은 어디일까?'

에코는 속으로 중얼거렸다.

'난 앞으로 영원히 저 임시 오두막에서 살아야 하는 걸까? 완소나무의 밑동을 볼 때마다 내가 얼마나 조심성 없는 아이인지 곱씹으면서?'

길을 절반쯤 지나고 나서야 에코는 다시 정신을 차리고서 다프네의 말에 귀를 기울였다.

"제우스 님께서 네게 새 나무를 주시면……."

다프네는 여전히 그게 가장 좋은 방법이라고 여기는 듯했다.

다음 순간, 에코는 자신도 모르게 걸음을 우뚝 멈추었다. 완소나무를 내려친 번개처럼 에코의 머릿속에 번쩍하고 어떤 생각이 떠올랐다.

"제우스! 그래, 그거야!"

"응? 에코, 무슨 말이야?"

다프네가 어리둥절한 눈으로 바라보자 에코는 목청 높여 대답했다.

"이건 제우스 님의 잘못이야! 다프네, 생각해 봐. 제우스 님은 천둥과 번개를 마음대로 부리시잖아. 분명히 어제 아침 그분이 날개 달린 애마 페가수스를 타고 우리 숲 위를 날아가다가 별생각 없이 번개를 날리셨을 거야. 그 번개가 완소나무에 꽂혔고, 내 삶을 망가뜨린 거지! 물론 제우스 님은 그 사실을 꿈에도 모르실 거고, 알아도 별로 신경 쓰지 않을 테지만 말이야."

다프네는 인상을 찌푸리며 에코의 말을 곰곰이 생각해 보더니 다시 입을 열었다.

"제우스 님이 번개를 던졌다고 쳐. 그렇다고 우리가 뭘 어쩔 수 있겠어?"

다프네는 어깨를 들썩이며 덧붙였다.

"신들은 자기 마음 내키는 대로 행동하잖아."

에코는 화가 부글부글 끓어올라서 두 주먹을 불끈 쥐었다.

"난 내 나무를 되찾고 싶어. 제우스 님한테서 반드시 완소나무를 받아 낼 거야."

다프네가 놀라서 눈을 휘둥그레 떴지만, 아무 말도 하지 않았다. 말려 봐야 소용없을 거라는 생각이 들었으니까.

실제로 에코는 이미 마음을 굳게 다지고 있었다.

'내일 아침 당장 올림포스산으로 떠나자. 제우스 님을 만나서 무슨 핑계를 대는지 들어 봐야겠어. 대답이 마음에 안 들면 무슨 수를 써서라도 내가 슬픈 만큼 제우스 님의 마음도 괴롭게 만들어 버릴 거야!'

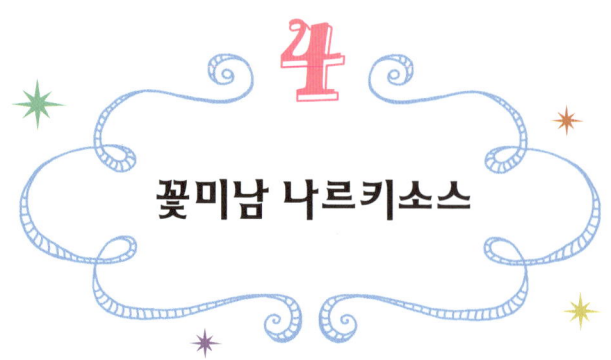

꽃미남 나르키소스

 다음 날, 아침 태양이 지평선 위로 고개를 내밀자마자 에코는 자리에서 벌떡 일어나 몸단장을 시작했다. 완소나무가 쓰러질 때 옷이 대부분 망가져서 당장 입을 만한 건 페르세포네를 따라 만든 키톤뿐이었다. 에코는 어젯밤에 잘 빨아서 널어놓았던 키톤을 입고 자주색 덩굴 샌들을 신었다. 그러고는 오두막 양쪽에 늘어뜨려 놓았던 방수막 지붕을 돌돌 말아서 잘 묶었다.
 떠날 채비가 모두 끝나자 에코는 완소나무로, 정확히는 완소나무의 등걸로 눈길을 돌렸다.
 "내가 왜 아침부터 부산스럽게 움직이는지 궁금하지?"
 에코는 주변 바닥에서 글씨를 쓸 수 있을 만큼 두툼한 나무껍질을 찾으며 완소나무에게 말을 걸었다.

"한동안 어딜 좀 다녀와야 해. 널 버려두고 떠나는 거 절대 아니야. 좋은 소식을 들고 금방 돌아올게."

계획이 성공할지는 전혀 알 수 없지만, 에코는 최대한 명랑하게 말했다. 혹시 완소나무가 에코의 말을 알아듣는다면 반드시 약속을 지키려는 자신의 각오를 전해 주고 싶었다.

마침내 적당한 나무껍질을 발견했다. 에코는 그 껍질에 석필로 다프네와 판에게 메모를 남겼다.

'며칠 안에 돌아올게. 걱정하지 마.'

목적지가 올림포스 학교라는 얘기나 그곳에 가려는 이유는 일부러 설명하지 않았다. 다프네는 어제 나눈 이야기를 떠올리며 에코의 계획을 알아차릴 수도 있겠지만, 그때쯤이면 에코는 이미 멀리 가 있을 테니 제우스한테 맞서지 말라고 말릴 방법도 없을 터였다.

에코는 오두막 문 앞에 메모를 올려놓고서 마지막으로 완소나무에게 속삭였다.

"안녕. 보고 싶을 거야."

에코는 인사를 남기고 돌아서서 숲속으로 부지런히 걸음을 옮겼다.

다른 님프들이 사는 나무 사이사이를 조용히 지나면서 에코는 생각에 잠겼다.

'과연 우리 마을 님프 중에 날 그리워할 아이가 있을까? 다프네, 판, 완소나무를 제외하고 말이야. 한때 내 친구였던 아이들이 요즘 들어서는 무슨 일이 있으면 하나같이 시링크스 편을 들잖아. 휴, 모두와 사이를 되돌리려면 올리브 나뭇가지를 손이 부르트도록 쥐었다 놓았다 해야 할 거야.'

올림포스산을 향해 길을 가는 내내 에코는 마음이 복잡했다. 이웃 님프들한테 섭섭하고, 자기 자신에게 화가 나고, 제우스 때문에 분통이 터졌다.

'대체 번개는 왜 던지신 거래? 이런 엄청난 일이 일어난 걸 알긴 하실까? 어떻게든 바로잡아 달라고 매달리자. 신들의 제왕이자 하늘을 지배하는 자라고 해서 남의 삶에 이런 피해를 주면 안 되지! 아무렴, 안 되고말고. 이보세요, 번개 아저씨. 이러시면 곤란하다고요!'

굵직한 나무를 빙글 돌아가고, 몸을 바짝 숙여 낮게 드리운 덩굴 더미를 지나면서 에코는 제우스와 어떻게 대화를 나누면 좋을지 곰곰이 생각했다.

'일단 아무렇게나 번개를 던지면 어떻게 하냐고 잔소리를 한

껏 퍼부은 다음 이렇게 말하는 거야. 완소나무를 되살려 주세요! 그러면 제우스 님이 자신의 실수를 깨닫고서 미안해하며 이렇게 대답하겠지. 네 말이 옳다. 날 용서해 주렴. 신들의 제왕도 실수할 때가 있단다. 네 부탁을 들어주마.'

사실 에코는 올림포스 학교에 도착한다고 해도 본관 건물에 어떻게 들어가야 하는지 전혀 알지 못했다. 지구상의 모두가 그렇듯, 에코도 올림포스 학교가 올림포스산 꼭대기에 있다는 건 알고 있고, 〈십 대들의 두루마리〉 잡지에서 그림으로도 본 적이 있었다. 하지만 올림포스 학교에 대해 속속들이 아는 이는 아무도 없었다. 듣기로는 높디높은 담과 넓고 깊은 연못으로 둘러싸여 있다고 했다.

'뭐, 일단 도착하면 뭔가 방법이 있겠지.'

이제 에코는 자신이 살던 숲을 완전히 벗어나 야수의 숲 한가운데에 들어서 있었다. 부지런히 길을 가는데 뭔가 낯선 소리가 들렸다. 에코는 걸음을 멈추고서 고개를 갸웃하며 귀를 기울였다. 분명히 말소리가 들렸다.

'어머, 누가 오나 봐!'

에코는 얼른 유칼립투스나무 뒤에 몸을 숨기고 주위를 살폈다. 야수의 숲 안에는 흔히 '미궁'이라고 부르는, 산울타리로 만들어진 복잡한 미로가 있었다. 그런데 에코가 지켜보는 사이 인간 두세 명이 그 안으로 들어가는 게 아닌가? 정확히 몇 명인지는 보지 못했지만, 그중 한 명은 그림을 그릴 때 쓰는 이젤을 들고 있었다. 불멸의 존재와 달리 몸에서 은은한 빛이 나지 않는 것으로 보아 이들 무리는 분명 인간이었다.

'어머, 인간이 여기서 뭐 하는 거야? 큰일 낼 사람들이네!'

야수의 숲 둘레에는 '인간 절대 출입 금지 지역'이라는 표지판이 곳곳에 붙어 있었다. 에코 같은 님프도 감히 미궁 안을 돌아다닐 엄두를 내지 못했다. 교목 쌤들은 학생들에게 미궁 한가운데에 불멸의 존재들이 전투 기술을 겨룰 수 있도록 사나운 야수를 만들어 내는 기계가 있으니 들어가지 말라고 단단히 경고했다. 올림포스의 신은 죽지 않지만, 야수의 숲에 어슬렁대는 괴물들은 그런 불멸의 존재도 크게 다치게 할 수 있을 만큼 강력한 힘을 지니고 있었다.

'아, 나 지금 바쁜데. 하지만 아무것도 모르는 인간들이 겁도 없이 야수의 숲, 그곳에서도 가장 위험한 구역에 들어가는 걸 가만두고 볼 순 없잖아. 괴물한테 당해서 크게 다치면 어떻게 해? 아니, 그보다 더 끔찍한 일이 벌어질 수도 있어!'

에코는 인간 무리를 따라 살며시 미궁 안으로 들어갔다. 스무 번도 넘게 이리저리 길을 꺾으며 돌아다닌 뒤 겨우 미궁 중심에 도착하자 분수대가 마련된 아름다운 안뜰이 펼쳐졌다. 속이 빈 갈대, 탐스러운 하얀 꽃, 알록달록 연꽃이 가득한 연못 가운데에는 머리가 셋 달린 용 분수가 서 있었다. 용의 입에서 물줄기가 시원하게 뿜어져 나와 비늘 덮인 몸을 타고 줄줄 흘러내렸다. 안뜰에 경쾌한 물소리가 가득 찼다. 잎이 무성한 나무가 지붕처럼 짙은 그림자를 드리우고 있어서 하늘에 해가 완전히 떠 있는데도 이곳은 초저녁처럼 어둑했다.

에코는 서둘러 주위를 살폈다. 연못 반대편에 인간들이 서 있었다.

'어? 아까는 사람이 더 있는 것 같았는데 인제 보니 내 또래 남자애 한 명이랑 여자애 한 명뿐이네?'

여자아이는 앞에 이젤을 놓고서 분수대 가장자리에 앉아 있고, 주근깨 가득한 남자아이는 이젤에 놓인 그림을 살펴보고 있었다. 두 아이가 보고 있는 쪽으로 에코도 눈길을 돌렸다. 조각상 하나가 보였다. 짧은 튜닉 차림에, 조끼처럼 생긴 갑옷을 입은 소년 조각상인데, 에코한테는 뒷모습만 보였다. 조각상은 한쪽 팔을 높이 들고서 창을 던지는 자세를 취하고 있었고, 여자아이는 그 모습을 열심히 그리고 있는 듯했다.

'흠, 저 조각상의 갑옷을 빌려서 숙제로 낼 수 있다면 좋을 텐데. 물론 내 방식대로 바꿔 만들어야 가능한 얘기지만.'

에코는 아쉬운 마음에 한숨을 푹 쉬었다.

'하긴, 지금 숙제가 문제야? 이제 깃들 나무가 없으니 자연 학교에 다닐 수 있을지 없을지도 모르는데. 이대로 난 학교에서 쫓겨나게 될까?'

그런 생각을 하자 에코는 가슴이 갑갑해졌다.

잠시 지켜보아도 근처에 위험한 괴물은 없는 듯하여 에코는 그대로 자리를 뜨려 했다. 그런데 그 순간, 소년 조각상이 불쑥 고개를 돌리며 말을 하기 시작했다!

"눈!"

에코는 하늘에서 갑자기 눈이 내리나 싶어 얼른 위를 쳐다보았다. 동시에 주근깨 소년이 벌떡 일어나 조각상으로 뛰어가더니, 소년 조각상의 머리카락을 정수리 쪽으로 쓸어 넘겼다. 아마도 앞머리가 눈앞으로 쏟아져 성가셨던 모양이었다.

에코는 엉뚱하게 알아들은 자신에게 "풋." 하고 웃음이 났다. 이제 보니 소년 조각상은 조각상이 아니라 살아 있는 인간 소년이었다.

'그럼 미궁에 들어온 사람 숫자가 맞네.'

"나르키소스, 가만있어!"

화가 소녀가 모델 소년에게 크게 소리쳤다.

'아무 문제 없는 것 같으니 이제 난 가 봐도 될 것 같아.'

에코가 뒤돌아서려는데, 마침 '나르키소스'라는 소년이 친구들 쪽으로 고개를 돌리더니 싱긋 웃었다.

에코는 그 자리에 꽁꽁 얼어붙었다. 자신의 존재를 들켰을까 봐 놀라서가 아니었다. 나르키소스의 얼굴을 흘깃 본 순간, 입이 떡 벌어지면서 정신이 아득해졌기 때문이었다.

'세상에, 저 눈 좀 봐!'

폭포수처럼 맑고 푸른 두 눈, 희고 가지런한 이, 날렵한 턱선까지! 나르키소스의 외모는 정말 뭐랄까, 고결해 보이기까지 했다.

에코는 지금까지 잡지나 신문에서 수많은 소년 신을 보아 왔다. 올림포스 학교에도 바다의 소년 신 포세이돈이나 전쟁의 소년 신 아레스 등 미남이 넘쳐 나지만, 나르키소스를 본 순간

드는 생각은 오직 하나뿐이었다.

'진짜, 완전, 최고 세젤남이야!'

에코는 가슴이 콩닥콩닥 뛰었다. 누군가를 좋아한다는 게 이런 느낌일까? 또래 님프들은 벌써 한참 전부터 남자 친구 사귀는 데 열을 올리고 있지만, 에코는 이런 감정을 느껴 본 적이 거의 없었다. 딱 한 번, 어느 날 오후 숲으로 날아온 연극 포스터에서 '오리온'이라는 배우를 보고 반해서 20분 동안 멍하니 쳐다본 적이 있긴 하지만 말이다. 하지만 님프들을 늘 상냥하게 대해 주는 사냥의 소녀 신 아르테미스한테 오리온이 못되게 굴었다는 얘기를 듣자, 눈에 씐 콩깍지가 벗겨지면서 짝사랑도 초고속으로 끝나 버렸다.

문득 에코의 귀에 바스락하는 소리가 들렸다. 너무 희미해서 인간은 듣지 못할 소리였다. 에코는 어둠 속을 가만히 들여다보았다. 뜰 전체를 둘러싸고 있는 산울타리 끄트머리에 붉은색 점 두 개가 이글거리고 있었다.

'눈, 그것도 사나운 짐승의 눈이야!'

에코는 더욱 정신을 바짝 차리고 그쪽을 바라보았다. 어둠 속에 숨어 있는 금속 야수의 험상궂은 모습이 점점 분명해졌다. 에코는 자연 학교 수업 시간에 배운 기억을 떠올렸다. '드라콘 테스피아코스'라는 무시무시한 괴물 뱀이었다!

순간 에코는 등골이 오싹해졌다. 아이들의, 특히 꽃미남 나르키소스의 안전이 걱정된 에코는 대뜸 그쪽으로 달려갔다.

"조심해! 괴물이야!"

에코는 목청 높여 소리 지르고는 산울타리 쪽을 가리켰다. 에코의 갑작스러운 등장에 인간 아이들의 눈이 커졌다.

이어 순식간에 사건이 벌어졌다. 놀란 나르키소스가 뒤로 주춤대며 산울타리에 더 가까이 다가가다가…….

쿵!

금속 드라콘과 충돌하고 말았다.

파파팍!

괴물의 빨간 눈에서 작은 불꽃이 튀었다. 하지만 불꽃은 이내 사그라들었고, 다행히 나르키소스는 갑옷 덕분에 끄떡없었다. 그래도 놀란 나르키소스는 비명을 지르며 허둥지둥 분수 쪽으로 물러났다.

"으아악! 죽음의 불꽃 공격이다! 사람 살려!"

나르시코스의 머리카락을 정돈해 주었던 주근깨 소년이 덩달아 외쳤다.

"나르키소스, 조심해! 절대로 물에 비친 모습을 보면 안 돼!"

주근깨 소년이 앞으로 튀어 나가더니 나르키소스를 옆으로 밀쳐 냈다. 그러다가 그만 중심을 잃어 정작 자신이 분수에 풍덩 빠지고 말았다. 사방에 물이 튀면서 화가 소녀와 파피루스 그림이 홀라당 젖어 버렸다.

그사이 에코는 용감하게 드라콘을 향해 몸을 날렸다.

쾅!

에코에게 깔린 드라콘이 바닥에 쓰러졌다. 에코는 움찔하며 금속 괴물의 반격을 기다렸다. 다행히 드라콘은 몇 번인가 꿈틀대다 "피시식." 하고 풍선 바람 빠지는 소리를 내며 멈췄다.

이어서 전혀 예상 밖의 일이 일어났다. 나르키소스가 팔짱을 턱 끼더니 에코를 향해 인상을 팍 찌푸리는 게 아닌가?

"지금 뭐 하는 거야? 네가 벌인 스턴트 쇼 때문에 일을 망쳤잖아."

나머지 두 아이도 고맙다는 말은커녕 짜증이 가득한 눈으로 에코를 노려보았다.

"뭘 하긴, 네 목숨을 구했지."

에코가 일어나 앉으며 대꾸하자 주근깨 소년이 분수에서 허우적허우적 걸어 나오며 쏘아붙였다.

"나르키소스를 연못으로 보내서 파멸시킬 뻔한 건 오히려 너거든?"

"파멸시킨다고?"

에코가 일어서며 되물었다. 주근깨 소년은 대답 대신 고개를 끄덕였다. 그러자 나르키소스가 반짝이는 눈을 빙글 굴리며 말했다.

"야, 넘어가자, 넘어가."

이어 나르키소스는 에코를 바라보며 설명했다.

"테이레시아스는 미신에 집착하는 편이라서 말이야. 내가 물 위나 거울, 유리에 비친 내 모습을 흘깃 보기라도 할라치면……."

테이레시아스가 나르키소스의 말을 날카롭게 잘랐다.

"예언 때문에 그러는 거 네가 더 잘 알잖아."

테이레시아스는 두 손으로 튜닉 자락에서 물을 쭉쭉 짜내며 화가 소녀에게 말했다.

"아낙산드라, 네가 대신 설명 좀 해 줘."

아낙산드라가 고개를 끄덕이더니 에코에게 눈길을 돌렸다.

"나르키소스는 심장이 사라질 수 있으니 절대 자기 모습을 보면 안 된다는 예언을 받았어."

테이레시아스가 목을 긋는 시늉을 하며 덧붙였다.

"이렇게 되는 거지. 사람이 심장 없이 어떻게 살아?"

에코는 기겁하며 나르키소스에게 물었다.

"그럼 넌 네 얼굴을 보면 죽어?"

나르키소스는 전혀 신경 쓰지 않는 듯했다.

"말도 안 되는 예언이야."

테이레시아스와 아낙산드라가 금속 괴물을 일으켜 세우자 나르키소스는 괴물 주위를 빙 돌며 상태를 살폈다.

"우린 어제 이 숲에서 이놈을 발견하고 여기로 가져왔어. 내 초상화에 들어갈 소품으로 쓰면 좋을 것 같아서 말이야. 몸뚱이는 움직이지 않는데 눈은 벌겋게 빛나는 게 완전 멋있잖아. 거기에 이 녀석과 싸우는 척하는 내 모습이 더해지면 아주 멋진 그림이 되지 않겠어?"

테이레시아스가 다시 에코를 흘겨보았다.

"그럴 계획이었는데 난데없이 네가 등장했지."

에코는 한숨을 푹 쉬었다.

"그랬구나. 미안해!"

"뭐, 이 녀석이 완전히 끝장났으니 우리 볼일은 다 본 것 같네."

테이레시아스는 짐을 챙기며 떠날 채비를 시작했다. 그러자 나르키소스가 손가락을 딱 튕겼다.

"아, 떠나기 전에 해야 할 일이 있잖아."

이어 나르키소스는 에코에게 눈길을 돌렸다.

"난 지금까지 연못이나 거울에 비친 내 모습을 한 번도 본 적이 없거든. 그래서 누군가를 처음 만날 때마다 내 생김새를 몇 마디로 표현해 달라고 부탁해. 너도 내 모습이 어떤지 형용사로 말해 줄래? 이왕이면 칭찬 한가득 담아서 부탁해."

"그래. 우린 나르키소스의 팬들을 위한 두루마리 책에 누가 어떤 말을 했는지 일일이 다 기록해."

아낙산드라는 가방에서 나르키소스의 눈동자와 같은 파란색 파피루스 한 장을 꺼냈다. 그러고는 손에 펜을 들고서 기대 가득한 눈빛으로 에코를 쳐다보았다.

"음……."

에코는 쉽게 입을 떼지 못했다. 나르키소스는 말도 안 될 정도로 미남이라 무슨 말을 어떻게 시작해야 할지 알 수가 없었다. 에코는 얼굴이 벌겋게 달아오르는 걸 느꼈다.

"너무 어렵게 생각하지 마."

나르키소스가 에코를 달랬다.

"보이는 대로 말하기만 하면 돼. 패션 감각이 끝내준다든지, 머릿결이 정말 부드럽다든지, 뭐 그런 거 있잖아."

"응. 그래……. 끝내주는 머릿결이야."

에코는 나르키소스의 거침없는 자기 자랑에 얼떨떨해서 들리는 말을 그대로 되풀이해 주었다.

'하긴, 자기 얼굴을 평생 단 한 번도 볼 수 없다면 너무 힘들 것 같아. 자기가 어떻게 생겼는지 얼마나 궁금할까?'

아낙산드라가 에코의 말을 받아 적는 사이, 에코는 칭찬받고 싶어 안달하는 나르키소스를 받아들이기로 마음먹었다.

'그래. 이 정도는 그냥 이해하고 넘어가자.'

에코의 말을 다 받아 적은 아낙산드라는 파피루스를 가방에 챙기며 한마디 툭 던졌다.

"키톤 참 예쁘네."

에코는 예상치 않은 칭찬에 기뻐서 방긋 웃음이 났다.

"고마워. 내가 만들었어."

그제야 나르키소스는 에코의 옷차림을 살펴보더니 갑자기 얼굴이 환해졌다.

"너 혹시 남자 옷도 만들 수 있어?"

"남자 옷은 한 번도 만들어 본 적 없어."

그러자 나르키소스는 눈부신 미소를 지으며 말했다.

"저기 말이야. 아낙산드라랑 테이레시아스가 짐 싸는 동안

나한테 어울릴 만한 의상을 몇 벌 정도 얼른 스케치해 줄 수 있어? 난 모델 되는 게 소원이거든."

"모델…… 뭐, 뭐?"

에코는 나르키소스의 말을 잘 알아듣지 못했다. 바로 앞에서 눈부신 미모를 반짝이고 있으니 자신의 이름도 기억이 안 날 지경이었다. 머리가 제대로 돌아가지 않았다.

"패션모델 말이야. 다른 사람이 만든 옷을 입고 자세를 취해 주는 일을 하는 사람. 이왕이면 모다 님처럼 유명하고 재능 넘치는 사람이 만든 옷을 입을 수 있다면 더 좋겠지. 아, 테이레시아스. 모다 님이 자신을 뭐라고 불렀지?"

"패션 디자이너."

테이레시아스가 가까이 다가오더니 손을 내밀며 에코에게 악수를 청했다.

"난 나르키소스의 법정 대리인이자 스타일리스트 테이레시아스야. 넌 이름이 뭐니?"

두 소년은 에코가 바느질을 할 수 있다는 걸 안 뒤부터 부쩍 에코에게 관심을 가지는 눈치였다.

"난 에코라고 해. 오레이아데스 님프야."

"만나서 반갑다."

테이레시아스가 자기소개를 끝내자마자 나르키소스는 다시 그 잘생긴 얼굴을 에코 쪽으로 들이밀었다.

"그러니까, 디자이너가 최신 유행 스타일의 옷을 만들면 난 그걸 입고 걸어 다니면서 쇼를 하는 거야. 부자들이 그 옷을 살 수 있도록 말이지. 아니면 비슷하게 따라 만든 옷을 사든가."

에코는 그 말에 내심 놀랐다.

'비슷하게 따라 만들어? 요즘 따라 한다, 베낀다는 말 참 자주 듣네. 그런데 님프와 달리 인간은 그 문제에 별로 예민하지 않은 건가? 적어도 옷 디자인을 따라 하는 건 괜찮나 봐.'

에코는 지난 며칠간 있었던 모든 일 때문에 마음이 좋지 않았던 터라 기분 전환이 필요한 참이었다. 그런데 마침 나르키소스가 모델이 될 수 있게 도와 달라는 부탁을 해 오니 옳다구나 싶었다.

'난 패션을 좋아하고 옷도 잘 만들잖아. 서로 공통점이 있으니 제안을 받아들이고 나르키소스란 애에 대해 좀 더 알아볼까? 이러다가 우리 둘이 사귀게 되는 거 아냐? 어쩌면 우리는 서로의 운명의 상대일지도 몰라!'

하지만 에코는 쉽게 대답하지 못했다.

'그런데 난 제우스 님을 만나러 가야 하잖아……. 더 늦기 전

에 정말 가 봐야 하는데.'

에코는 올림포스산 방향을 가리키며 말을 꺼냈다.

"사실 난……."

에코가 '누굴 좀 만나러 가야 해.'라고 말을 마칠 틈도 없이 갑자기 무언가가 바람을 가르며 날아오는 듯한 소리가 울려 퍼졌다.

짐을 싸고 있던 테이레시아스가 놀라서 벌떡 일어섰다.

"이번에는 또 뭐지?"

나르키소스도 바짝 긴장해서 중얼거렸다.

"또 괴물인가?"

인간 아이들이 일제히 미궁 입구를 쳐다보기에 에코가 얼른 아이들을 말렸다.

"아니야. 저건 날개 달린 마법 샌들 소리야. 오늘이 금요일이란 걸 깜박하고 있었어. 애들아, 어서 숨어!"

"왜?"

나르키소스가 물었다.

"금요일에는 올림포스 학교 학생들이 여기 오거든."

에코는 모양이 희한한 덤불 뒤에 서둘러 숨었다.

"어서! 불멸의 존재한테 걸리면 안 돼!"

그 말에 나르키소스는 오히려 귀가 번쩍한 모양이었다.

"신이 온다고? 난 만나 보고 싶은데? 내 경력 개발에 도움이 될 수도 있잖아!"

다행히 테이레시아스와 아낙산드라가 나르키소스를 끌고 와서 에코 옆에 몸을 숨겼다. 정말 아슬아슬한 순간이었다.

간발의 차이로 아르테미스가 은색 날개가 달린 마법 샌들을 신고서 미궁 안뜰에 내려섰다. 아르테미스는 어깨에 화살통을 메고, 손에 활과 은 화살을 들고 있었다. 덤불 뒤에서 네 아이가 숨죽이고 지켜보는 사이, 아르테미스는 언제든지 활을 쏠 준비를 하고서 미궁 안을 매섭게 살피기 시작했다.

"나와라, 나와라, 어디 숨었니?"

아르테미스는 나직이 콧노래를 흥얼거리며 분수대 주변을 빠르게 한 바퀴 순찰했다.

"저거 봐. 우리를 만나고 싶다잖아."

나르키소스가 대뜸 자리에서 일어서려 하는 통에 에코는 화들짝 놀랐다.

"아냐. 괴물을 찾는 걸 거야."

에코는 덤불 그림자 속에 숨은 드라콘을 살며시 가리켜 보였다. 금속 괴물은 아까보다 한층 빛을 잃긴 했지만, 여전히 붉은 눈을 번득이고 있었다.

숲의 님프는 모두 아르테미스의 보호를 받았고, 그래서 다들 여러 소녀 신 중에서 아르테미스를 가장 좋아했다. 그런데 불멸의 존재는 거의 언제나 올림포스 학교에 머무르기 때문에 에코는 지금까지 아르테미스를 그림으로만 만났다.

'진짜 아르테미스를 눈앞에서 보게 될 줄이야! 이건 진짜 늘 푸른 사건이잖아.'

에코는 아르테미스의 특징, 버릇, 머리 모양 등 모든 걸 유심히 살폈다.

'나중에 돌아가면 아르테미스의 스타일을 통째로 따라 해 봐야지. 음…… 그런데 나한테 이제 돌아갈 곳이 있나?'

에코는 다시금 슬픔에 가슴이 저렸다.

그때 미로 바깥 어딘가에서 여자아이가 목소리가 들렸다.

"아르테미스?"

곧바로 아르테미스가 어깨 너머로 소리쳐 대답했다.

"여기야! 야수의…… 으악!"

대답하느라 고개를 돌리고 있던 탓에 아르테미스는 그만 드라콘에 걸려 콰당 넘어지고 말았다. 드라콘은 여전히 힘이 조금 남아 있었는지 아르테미스를 향해 눈에서 불꽃을 뿜어냈다.

에코는 당장 덤불 밖으로 뛰쳐나갔다.

"괜찮아?"

"어? 어떻게 된 거지?"

아르테미스가 눈앞으로 쏟아진 머리칼을 쓸어 넘기며 고개를 들었다. 혼란스러운 표정이 역력했다.

이 틈을 타 나르키소스가 덤불 뒤에서 뛰어나와 외쳤다.

"저놈이 널 공격했어!"

그제야 아르테미스는 괴물의 존재를 발견했다.

"아! 드라콘이 철커덩거리며 돌아다니는 소리를 들은 것 같아서 와 봤지. 애들아, 여기는 출입 금지 구역이야. 마법 연못을 건드리면 이 부근의 기계 야수들도 함께 소란을 일으킨단 말이야. 너희들 모두 아무런 해를 입지 않았다니 정말 운이 좋은 줄 알아. 어쨌든 저기 연못 안에 머리 셋 달린 용 분수를 조작하면 드라콘을 비롯한 모든 야수의 활동을 멈출 수 있어. 내가 가서 만져 볼게."

그러자 나르키소스가 잽싸게 아르테미스 곁으로 다가가더니 손을 번쩍 들며 당당하게 말했다.

"그럴 필요 없어! 내가 이미 저놈을 처치했거든. 보이지? 안 움직이잖아."

'엥?'

에코는 기가 막혀서 나르키소스를 빤히 쳐다보았다. 저렇게 거짓말을 술술 늘어놓다니. 놀라울 따름이었다.

"아르테미스, 괜찮아? 어떻게 된 거니?"

낯선 목소리가 들리더니, 날개 샌들을 신은 소녀 신 셋이 차례로 미궁 안으로 들어섰다.

에코는 그들이 누구인지 단박에 알아보았다. 갈색 머리 소녀는 온갖 상을 타서 늘 두루마리 신문을 자기 그림으로 도배하는 아테나, 빨간 머리 소녀는 에코가 바로 지금 입고 있는 옷 디자인과 머리 모양을 따라 했던 바로 그 페르세포네, 마지막으로 눈부시게 아름다운 금발 머리 소녀는 아프로디테였다. 불멸의 존재답게 네 소녀 신 모두 반짝이는 가루를 뿌린 듯 몸이 은은하게 빛났다.

"내가 아르테미스를 괴물한테서 구했어!"

나르키소스가 또 거짓말을 했다.

"아르테미스를 공격하려고 달려들기에 때려눕혀 버렸지."

심지어 나르키소스는 들고 있던 창을 번쩍 들며 승리의 세리머니까지 했다.

에코는 놀라서 눈을 크게 떴다.

'왜 저런 거짓말을 하는 거지?'

"우리 친구를 구해 줘서 정말 고마워."

페르세포네가 나르키소스에게 다정하게 인사를 건넸다. 그러곤 곁에 선 에코에게 눈길을 돌렸다가 에코의 키톤을 보고서 흠칫했다. 잡지에 실렸던 자기 옷을 흉내 냈다는 걸 단번에 알아차린 듯한데, 상냥한 페르세포네는 그 점에 대해 아무 말도 하지 않았다.

이어 아르테미스가 자리에서 일어서며 말을 꺼냈다.

"그래. 구해 줘서 고마……."

나르키소스가 아르테미스의 말을 자르고 끼어들었다.

"어떻게 보답할 거야?"

아르테미스는 눈을 끔벅끔벅하다가 되물었다.

"뭐라고?"

"널 구해 줬으니 나한테 뭔가 보답을 해 줘야 하는 거 아냐?"

네 소녀 신은 어떻게 반응해야 할지 모르겠다는 듯이 서로 눈길만 주고받았다. 결국 아르테미스가 인상을 팍 찌푸리며 대답했다.

"널 보고 있으니 딱 생각나는 사람이 있네. 배우인데 너랑 참 비슷해."

아르테미스가 친구들에게 눈짓을 보내자 다들 누구 이야기인지 알겠다는 듯 고개를 끄덕였다. 에코도 나름 짚이는 바가 있었다.

'오리온 애기를 하는 거 같은데? 둘 다 입이 떡 벌어지는 미남이잖아. 그래도 나르키소스는 자랑이 좀 심하고, 음…… 악의 없는 거짓말을 하긴 하지만 오리온만큼은 아니지 않나? 듣자 하니 오리온은 완전 재수 없다던데.'

그런데 나르키소스는 엉뚱한 반응을 보였다.

"그래? 고마워."

아무래도 아르테미스가 칭찬을 한 줄 착각한 모양이었다.

"사실 난 모델이거든. 안 그래도 제우스 님께 인사드릴 날을 고대하던 참이야. 그분처럼 힘 있는 분은 내 경력에 크게 도움을 주실 수 있을 테니까 말이야."

아테나가 나르키소스를 곁눈질하며 머뭇머뭇 입을 열었다.

"신세를 지긴 졌지."

아프로디테가 고개를 끄덕였다.

"그래, 아르테미스. 저 애 도움이 없었다면 네가 크게 다쳤을지도 몰라."

페르세포네도 거들었다.

"교장 선생님께서 고맙다는 인사를 하고 싶어 하실 것 같아."

아르테미스는 여전히 못마땅한 눈치였지만 결국 고개를 끄덕였다.

"알았어. 그럼 내 전차를 타고 가자. 날개 샌들보다 빠르잖아. 자칫하다간 다음 수업에 지각할 수도 있어."

나르키소스는 기회를 놓치지 않았다.

"그럼 날 데리고 가는 거지?"

"그럼 나도 가야지. 네 조수잖아."

에코가 대담하게 나섰다. 나르키소스는 놀란 빛이 역력했지만 별말 없이 고개를 끄덕였다. 자신이 거짓말했다는 걸 알고 있는 에코의 입을 다물게 하려면 달리 방법이 없다고 여긴 듯했다. 그러자 테이레시아스도 나섰다.

"나도 가야지. 난 네 스타일리스트잖아."

이번에는 나르키소스도 냉큼 맞장구를 쳤다.

"당연하지. 아, 그리고 내 화가도 가야 해."

그러자 아르테미스가 고개를 가로저었다.

"미안하지만 자리가 없어. 우리 넷이 타고 나면 남는 자리가 세 개뿐이거든."

나르키소스가 머리를 긁적이며 대답했다.

"그래, 그럼 내 스타일리스트랑……."

"나랑 가야지."

에코는 앞으로 나서며 나르키소스의 선택권을 뺏어 버렸다.

'잘됐어! 아르테미스의 전차를 타면 걸어가는 것보다 시간이 훨씬 덜 걸릴 거야.'

실망하는 아낙산드라의 모습을 보고 에코는 미안한 기분이 들었다. 다행히 아낙산드라는 이곳에서 멀지 않은 마을에 살고 있는지, 테이레시아스가 나중에 마을로 찾아가겠다고 약속하자 밝은 얼굴로 이젤을 챙겨서 기분 좋게 떠났다.

아르테미스가 야수의 숲 밖에서 기다리던 자신의 사슴들을 불렀다. 황금 뿔을 지닌 새하얀 사슴 네 마리가 전차를 끌고서 미궁 안으로 날아 들어왔다. 아르테미스가 먼저 전차에 올라 고삐를 잡았다.

"애들아, 어서 타."

아르테미스의 세 친구에 이어 에코, 나르키소스, 테이레시아스까지 올라타자 전차 안이 바글바글했다.

그렇게 예상치 않은 손님을 태운 전차가 야수의 숲을 벗어나 쌩하고 하늘로 날아올랐다.

5
제우스를 만나야 해!

아르테미스의 전차는 어느새 높은 나무들 위를 거침없이 달리기 시작했다. 난생처음 하늘 여행을 하는 에코는 다른 아이들 반응을 흉내 내느라 차분한 표정을 짓고 있었지만, 손은 전차 한 귀퉁이를 꽉 움켜쥐고 있었다. 그래도 비행이 생각만큼 무섭지 않다는 걸 깨달은 뒤에는 긴장을 풀고 주변 풍경을 만끽했다.

에코가 흥미를 보이자 네 소녀 신은 중요한 장소가 보일 때마다 그곳이 어떤 곳인지 설명해 주었다. 가장 먼저 눈에 띈 곳은 불멸 쇼핑센터였다. 올림포스산과 인간 세상 사이에 자리를 잡은 이 거대한 쇼핑몰은 높다란 크리스털 지붕이 멀리서도 돋보였다.

"흥미롭네."

나르키소스가 관심을 보이며 말을 꺼냈다.

"저기 옷 가게도 있어? 인간도 저기서 쇼핑할 수 있니?"

아테나가 고개를 끄덕이며 대답했다.

"응. 그렇지 않아도 아빠가 인간 손님을 더 불러 모으려고 애쓰는 중이서. 티폰이 올림포스 학교를 공격한 뒤로 요즘 장사가 잘 안 되나 봐. 가게 주인들이 그러는데, 손님들이 인간 세상을 떠나 불멸 쇼핑센터까지 오는 걸 꺼린대."

깊고 깊은 숲속에 사는 에코 같은 님프도 알 만큼 티폰은 악명이 자자했다. 이 거대한 회오리바람 괴물은 지하 세계에서도 가장 악독한 자들이 간다는 타르타로스에서 빠져나와 자신의 악명을 증명하기라도 하듯 인간 세상을 짓밟고 올림포스산을 공격했다.

"에코, 저기 플로트 카 보이니?"

아프로디테가 가리킨 곳을 보니 알록달록 화려하게 장식된 퍼레이드용 플로트 카 여러 대가 쇼핑센터를 반원으로 둘러싸고 있었다.

"내일 퍼레이드 때 사용될 거야."

에코는 〈십 대들의 두루마리〉에서 본 기사를 떠올리며 고개를 끄덕였다.

'나도 퍼레이드를 볼 수 있으면 좋겠는데. 이따가 제우스 님이 어떤 결정을 내리느냐에 따라 구경을 가거나 구경 갈 마음이 싹 사라지거나, 둘 중 하나겠구나.'

잠시 후 소녀 신들은 슈퍼파워 슈퍼마켓이라는 조그만 가게를 가리켰다. 올림포스 학교 학생들이 친구들과 넥타르 셰이크를 마시거나 잡지를 사려고 방과 후에 자주 들르는 곳이었다.

에코는 눈을 빛내며 그곳을 유심히 바라보았다.

'우아, 말만 들어도 재미있을 것 같아!'

이어 커다란 운동장과 체육관이 보이더니 마침내 아르테미스의 전차가 대리석 타일이 깔린 올림포스 학교 안뜰에 내려섰다. 곧바로 마법으로 고삐가 스르륵 풀리면서 하얀 사슴들은 풀을 뜯어 먹으러 가까운 언덕으로 떠났다.

에코는 휘둥그레진 눈으로 올림포스 학교 본관을 올려다보았다. 이오니아식 기둥이 윤기가 흐르는 흰색 돌로 지어진 5층 건물을 사방으로 둘러싸고 있었다.

"와, 이렇게 웅장하고 멋진 건물은 처음 봐!"

옆에 선 나르키소스도 고개를 끄덕이며 탄성을 터뜨렸다.

"대박이다. 내 초상화 배경으로 완벽할 거 같지 않아?"

나르키소스는 후다닥 안뜰을 가로지르더니 아테나가 풍속계라고 알려 준 기계 앞에서 포즈를 취했다. 풍속계 위에는 바람을 뿜어내는 듯 볼을 잔뜩 부풀린 바람의 신 사 형제 조각상이 장식되어 있고, 기둥에는 동서남북이 표시되어 있었다.

테이레시아스가 한쪽 눈을 감고 두 손으로 그림 구도를 잡으며 맞장구를 쳤다.

"학교 건물을 배경으로 하면 근사한 그림이 나올 것 같아. 아낙산드라가 같이 왔어야 했는데! 야수의 숲에서 그리려고 했던 것보다 훨씬 더 인상적인 그림이 나왔을 텐데. 네 화보집에 바로 그림을 추가하지 못해서 아쉽다. 그래도 여기 온 김에 앞으로 모델 활동 장소로 쓸 만한 곳을 미리 골라 놓을 순 있겠어."

둘의 태도에 당황한 아테나가 재치 있게 눈치를 주었다.

"그러려면 먼저 아빠 허락을 받아야 할 거야."

네 소녀 신은 에코와 두 소년을 데리고서 번쩍이는 화강암 계단을 올랐다. 이윽고 황동 문을 열고 학교 건물 안에 들어서자 네 소녀 신은 날개 샌들을 벗어서 공용 바구니에 넣고, 바닥에 놓아둔 평소 샌들로 갈아 신었다.

"지금 당장 제우스 님을 만나 볼 수 있을까? 누가 우리를 데리고 갈 거야?"

나르키소스가 안달을 내자 아르테미스가 나섰다.

"내가 같이 가 줄게. 어쨌든 드라콘한테 호되게 당할 뻔했는데 도움을 받았으니까 책임져야지, 뭐."

아르테미스는 나르키소스 쪽을 손짓하며 짜증 나는 티를 팍팍 냈고, 세 친구는 그런 아르테미스의 반응이 재미있는지 싱글벙글 웃으며 자리를 떴다.

친구들과 헤어진 아르테미스는 나르키소스, 테이레시아스, 에코를 데리고 복도로 향했다. 아르테미스를 따라가는 동안에도 에코는 여기저기 구경하느라 바빴다. 어디를 보아도 놀라운 볼거리가 가득했다.

'우아, 어서 다프네와 판에게 이곳에 대해 들려주고 싶어!'

특히 지나가는 학생들 중에 아는 얼굴을 발견했을 때 에코는 너무나도 짜릿했다.

'머리카락 대신 열두 마리 뱀이 자리 잡은 저 아이는 메두사일 테고, 삼지창을 들고 지나가는 남학생은 포세이돈이겠구나! 세상에, 켄타우로스도 있어!'

복도 위 둥근 천장에는 신들의 업적을 자세히 담은 화려한 그림이 가득했다. 그중에는 네 마리 백마가 끄는 전차를 타고 하늘을 가로지르면서 구름 속으로 번개를 던지는 제우스를 그린 그림도 있었다.

'이런! 제우스 님은 번개가 얼마나 위험한지 정말 모르시는 건가?'

그 그림을 보니 에코는 이곳에 온 이유가 새삼 떠올라 가슴이 쿵쾅거렸다.

이윽고 아이들은 마지막 복도를 지나 행정실이라는 팻말이 붙은 문 앞에 도착했다. 에코는 너무 긴장한 탓에 속이 울렁거렸다.

"안녕하세요!"

아르테미스가 인사를 건네며 들어가자 나머지 아이들도 얼른 뒤따랐다. 한쪽 벽에 책상과 접수대가 마련되어 있었다. 그런데 정작 행정실 직원은 아무도 보이지 않았다.

"히드라 선생님이 지금 안 계시나 봐. 학교 행정 업무랑 제우스 교장 선생님 비서 업무를 담당하시는 분이셔."

아르테미스는 접수대 뒤쪽으로 보이는 두 번째 사무실로 걸음을 옮겼다. 그곳 출입문은 멀쩡한 경첩이 달랑 하나밖에 없었다. 그나마도 아르테미스가 문을 여니 "끼익!" 비명을 지르며 당장이라도 떨어질 듯 덜렁거렸다.

나르키소스와 테이레시아스가 아르테미스를 따라 사무실로

들어가기에 에코도 슬금슬금 따라 들어가 안을 들여다보았다.

'맙소사!'

에코의 눈이 튀어나올 듯이 커졌다. 두 번째 사무실은 행정실보다 더 넓었는데, 마치 회오리바람이 휩쓸고 지나간 것처럼 어지러웠다.

온갖 서류철, 두루마리 문서, 지도, 올림포스폴리 보드게임 조각, 제우스 주스 빈 병이 사방에 굴러다녔다. 서류 캐비닛 위에는 시들어 가는 화분이 있었고, 이상한 각도로 놓여 있는 의자에는 커다랗게 그을린 자국이 가득했다. 사무실 한쪽에는 거대한 책상과 황금 왕좌가 마련되어 있었는데, 자리 주인의 모습은 보이지 않았다.

"흠, 교장 선생님도 안 계시네."

아르테미스가 어깨를 으쓱하며 말했다.

"나중에 다시 오는 수밖에."

에코는 실망과 안도감이 동시에 몰려와서 기분이 묘했다. 그리고 이내 불만이 마음속에 착착 쌓였다.

'제우스 님께 완소나무 사태에 대해 따지겠다는 내 목표가 이루어질 참이었는데!'

그때 갑자기 발소리가 들리더니 까만 머리칼의 소년 신이 교장실로 달려 들어왔다. 소년 신은 아르테미스를 보자마자 다급히 소리쳤다.

"괜찮아? 사고를 당했다며?"

"워워, 아폴론. 별일 아니야. 드라콘 테스피아코스랑 살짝 부딪힌 것뿐이야."

그 말에 아폴론은 더 놀란 듯했다.

"뭐?"

그러자 나르키소스가 얼른 앞으로 나서더니 천연덕스럽게 말했다.

"걱정하지 마. 내가 구해 줬으니까."

이어 나르키소스는 '자신이 아르테미스를 어떻게 구했는지' 줄줄 설명했고, 아폴론은 진심으로 고마워했다.

에코는 이미 그 거짓말을 들은 터라 지금 와서 굳이 이야기를 바로잡지 않기로 마음먹었다.

'이미 늦었잖아. 게다가 무슨 말썽이 벌어진 것도 아니니까.'

에코는 창문으로 눈길을 돌렸다. 그 순간, 날개 달린 말이 힐끗 보였다.

'어, 저건 페가수스 같은데? 지금 제우스 님이 그 위에 타고 계신 건가?'

동시에 "덜컹!" 하는 소리가 들리기에 에코는 사무실 문 쪽으로 다시 눈길을 돌렸다. 머리가 아홉 달린 여자가 사무실로 스르륵 미끄러져 들어왔다.

"히드라 선생님, 안녕하세요!"

아르테미스가 반갑게 인사를 건넸다.

"교장 선생님 만나러 왔니?"

아홉 머리 중 늘 방긋방긋 웃고 있는 노란 머리 선생님이 대답했다.

"방금 불멸 쇼핑센터로 떠나셨는데 어쩌니?"

그러자 나르키소스가 대뜸 나섰다.

"그러면 거기서 만나 뵈면 되겠네. 어서 가자."

나르키소스가 문으로 걸음을 옮기자 테이레시아스도 대번에 뒤를 따랐다.

"어림도 없는 소리. 아르테미스는 수업을 들어야 해."

보라 머리 선생님이 까칠하게 말을 이었다.

"더불어 제우스 님은 바쁘셔서 너희들을 상대할 틈이 없으실 거야. 퍼레이드와 결혼식 준비로 지금 정신없으신걸. 귀한 손님도 오셨고."

에코는 반짝 기억이 떠올랐다.

"아, 잡지에서 제우스 님이 신랑, 신부, 염소, 벌과 함께 있는 그림을 봤어요."

노란 머리 선생님이 고개를 끄덕이며 말했다.

"그 염소와 벌은 제우스 님을 키운 유모시란다."

아르테미스가 말을 이어받았다.

"월요일에 결혼하는 신랑 신부도 님프야."

이어 아르테미스는 나르키소스에게 눈길을 돌렸다.

"교장 선생님께 네 활약에 대해 말씀드리려면 좀 기다려야 할 것 같아. 아폴론과 난 곧 수업이 있거든. 늦지 않으려면 지금 가 봐야 해."

아이들은 일단 다 함께 교장실을 나왔다. 교실로 걸음을 떼려던 아폴론이 나르키소스와 테이레시아스에게 말을 걸었다.

"교장 선생님이 돌아오실 때까지 기다릴 거면 나랑 같이 수업 듣지 않을래? 점심때는 내 친구들도 만나 보고 말이야."

아폴론은 나르키소스를 향해 빙긋 웃으며 한마디 덧붙였다.

"너 같은 영웅은 언제나 대환영이거든!"

무리 뒤쪽에서 걷던 에코의 귀에 그 말이 꽂혔다. 에코는 내심 기분이 언짢았다.

'뭐야, 진짜! 처음에 나르키소스더러 왜 거짓말하냐고 따졌어야 했나? 설마 자기가 진짜 영웅이라며 스스로 세뇌하고 있는 건 아니겠지? 나르키소스와 테이레시아스 둘 다 영웅 이미지를 어떻게 그림으로 녹여 내어 자기 화보집에 더할지 궁리하는 거 같은데?'

"그거 좋지!"

나르키소스가 아폴론의 제안에 얼굴이 환해졌다.

"모델 업계에서는 여러 사람을 만나고 아는 게 엄청 중요하거든."

"무슨 업계?"

복도 모퉁이를 돌며 아폴론이 되묻자 테이레시아스가 냉큼 대답했다.

"모델 업계. 넌 모델 해 본 적 없니?"

아폴론은 놀라서 멈칫했다.

"응? 내가? 모델 일을?"

테이레시아스는 열심히 고개를 끄덕였다.

"응. 넌 타고났어. 딱 보면 알지. 지금까지 난 최고의 모델하고만 일했거든."

"바로 나랑 말이야."

나르키소스가 뒤를 돌아보며 눈부신 미소를 던졌다. 에코는 홀린 듯 저도 모르게 따라 웃었다. 나르키소스는 분명 겸손의 미덕을 갖춘 아이는 아니었다. 그래도 그 애가 자신에게 관심을 보이면 에코는 가슴이 콩닥거렸다.

"올림포스 학교 교정을 배경으로 나르키소스의 초상화를 몇 점 그릴 수 있을까?"

타이레시아스가 아폴론에게 물었다. 역시 에코가 짐작하던 대로였다.

"너랑 네 친구들이 뒤에 서서 영웅 나르키소스에게 찬사를 보내는 자세를 취해 주면 더 좋겠지."

그때 아르테미스가 말을 걸어오는 바람에 에코는 아폴론의 대답을 듣지 못했다.

"난 이제 이쪽으로 가야 해."

아르테미스는 에코를 남자아이들과 다른 방향으로 끌었다.

"괜찮다면 너도 남는 시간 동안 내 친구들이랑 같이 어울리자."

아르테미스는 씩 웃으며 덧붙였다.

"부디 나한테 모델 포즈 취해 달라고 하지 마."

에코는 "풋." 하고 웃음을 터뜨렸다.

"아유, 걱정하지 마. 난 모델 일은 전혀 몰라. 나도 저 애들을 야수의 숲에서 처음 만났어. 네가 나타나기 직전에 말이야."

아르테미스를 따라 복도를 걸어가는 동안 에코는 머릿속이 복잡했다. 같이 어울리자는 아르테미스의 제안은 고맙지만 에코에게는 다른 계획이 있었으니 말이다.

'난 제우스 님이 돌아올 때까지 기다리지 않을 거야. 지금 당장 이야기를 나눠 봐야겠어! 오는 길에 불멸 쇼핑센터가 어디인지 봤잖아. 나 혼자서도 길을 찾아갈 수 있을 거야.'

교실이 가까워지자 에코는 하품하는 척했다.

"음, 사실 난 좀 피곤해서 낮잠을 한숨 잘 수 있으면 좋겠어."

"아, 그래? 그럼 내 방에 가서 눈 좀 붙여."

아르테미스는 오던 길을 되돌아가려고 돌아섰다.

"기숙사로 데려다줄게."

"아냐, 괜찮아. 그러다 수업에 늦으면 어떻게 해? 방향만 알려 줘도 돼."

에코는 정말 괜찮다며 아르테미스를 열심히 구슬렸다. 아르테미스는 잠시 망설이다가 결국 4층 기숙사 방향을 가리켰다.

"방에 내 사냥개들이 있을 거야. 문 열 때 녀석들이 뛰쳐나가지 않게 조심해. 아, 그리고 모두 세 마리야. 수에즈, 넥타, 그리고 앰비."

"아."

아르테미스의 방에 갈 마음이 없는데도 에코는 두려움에 저절로 몸이 부르르 떨렸다. 어릴 때 숲속에서 몇 번이나 사냥개에 쫓긴 경험이 있기 때문이었다.

아르테미스는 그런 에코의 모습을 보고서 얼른 설명했다.

"걱정하지 마. 사람을 잘 따르는 착한 녀석들이야."

"아, 그래? 다행이네."

에코는 다정한 아르테미스를 속이려니 죄책감에 마음이 뜨끔했다. 하지만 한시바삐 제우스를 만나려면 어쩔 수 없었다. 다시 한번 크게 하품을 한 에코는 혼자서도 잘 찾아갈 수 있다고 손을 흔들며 인사한 뒤 계단으로 향했다. 그러다 아르테미스의 모습이 사라지자 바로 방향을 틀었다.

왔던 길을 되돌아 올림포스 학교 현관에 도착하자 에코는 공용 샌들 바구니 앞에 서서 슬며시 주위를 살폈다. 아무도 없었다. 에코는 얼른 바구니에서 날개 샌들 한 켤레를 꺼냈다. 규칙을 어기는 일이겠지만, 어떻게든 신들의 제왕을 만나러 가야만 했다!

에코는 서둘러 현관문을 나섰다. 계단을 내려간 다음, 안뜰을 달려 지났다. 대리석 타일이 깔린 앞뜰 끝자락에 나지막한

돌 벤치가 있었다. 에코는 거기에 앉아 직접 만든 덩굴 샌들 위에 날개 샌들을 덧신었다. 덩굴 샌들이 얇아서 날개 샌들을 겹쳐 신어도 문제가 없었다. 그런데 마법 능력이 신의 절반 정도밖에 되지 않는 님프도 불멸의 존재처럼 샌들의 날개를 움직일 수 있을지 알 수 없었다. 에코는 일단 벤치에 앉아서 샌들 뒤꿈치의 날개에 감긴 끈을 풀었다. 그야말로 무식해서 용감했달까?

곧바로 날개가 파닥이기 시작했다. 에코의 두 발이 위로 휙 들렸다. 날개 샌들이 날아오르려고 점점 다리를 앞으로 잡아끄는 바람에 에코는 하마터면 뒤로 나동그라질 뻔했다.

"워워! 잠깐만! 멈춰!"

에코는 다급히 소리쳤다. 이대로 가다간 벤치 뒤로 넘어져서 거꾸로 날아갈 판국이었다! 에코는 무릎을 굽히고서 얼른 날개에 끈을 다시 감았다.

"일단 똑바로 서야 하나 봐."

에코는 혼자 중얼대며 자리에서 일어섰다.

"다시 해 보자."

에코는 먼저 두 발을 땅에 단단히 디뎠다. 그런 다음 한 손으로 벤치 옆에 놓여 있는 커다란 화분을 꽉 붙잡고서 다른 손을 뻗어 날개에 감긴 끈을 풀었다. 고개를 들고 똑바로 서자 날개가 파닥이면서 몸이 땅에서 10센티 정도 위로 붕 떠올랐다. 아싸, 성공이다!

…… 어느 정도는.

미궁에서 만났을 때 소녀 신들은 전혀 힘들이지 않고 매끄럽게 움직였는데, 막상 해 보니 생각보다 쉽지 않았다. 자꾸만 다리가 따로따로 움직이려 했다.

'왜 앞으로 안 나가지?'

에코는 아르테미스가 미궁으로 날아 들어왔을 때 자세를 떠올렸다. 그러고는 그 모습을 흉내 내어 두 다리를 찰싹 붙이고서 쭉 뻗고 몸을 약간 앞으로 숙여 보았다.

'됐다!'

샌들이 앞으로 움직이기 시작했다. 에코가 시험 삼아 몸의 중심을 뒤로 옮기자 이번에는 날개 샌들이 후진하기 시작했다.

"아하, 이제 어떻게 하는지 감이 왔어!"

에코는 다시 방향을 바꾸고서 앞으로 돌진했다. 하지만 곧 "쿵!" 하고 나무에 부딪히고 말았다.

"자자. 에코, 명심하자. 앞에 단단한 물체가 있으면 오른쪽이나 왼쪽으로 비켜 가는 거야."

에코는 몸의 중심을 살짝 왼쪽으로 기울여 나무를 피하고서 본격적으로 날기 시작했다.

 하지만 님프의 힘으로는 날개 샌들을 움직이게 할 수 있어도, 불멸의 존재만큼 높이 날거나 빠른 속도를 낼 수는 없었다. 그래도 한 시간 정도 부지런히 날았더니 저만치 앞에 불멸 쇼핑센터가 보였다. 에코는 중심을 뒤로 살짝 이동해서 속력을 늦추고서 거대한 건물 앞에 내려섰다. 물론 몇 걸음 휘청휘청거린 뒤에야 겨우 멈춰 섰지만 말이다.

 에코는 평소대로 걷기 위해 발목에 감아 두었던 끈을 풀어서 뒤꿈치의 은색 날개에 감았다. 다시 고개를 들었더니 아르테미스의 전차를 타고 올 때 보았던 알록달록한 플로트 카가 눈에 들어왔다. 쇼핑센터 주변에서 내일 퍼레이드를 기다리며 대기하고 있었다. 직원들이 플로트 카에 달린 나무 조각상이나 꽃 장식 같은 세세한 부분을 다듬느라 톱질 소리, 망치질 소리가 울려 퍼지고, 페인트 냄새도 났다.

 '제우스 님이 저기 계신지 확인해 봐야 할까? 공사 감독을 하고 계실 수도 있잖아.'

 그때 어디선가 말이 우는 소리가 들렸다. 얼른 주위를 살펴보니 제우스의 천마 페가수스가 플로트 카 뒤에서 풀을 뜯고 있었다. 에코는 페가수스에게 다가가 콧잔등을 쓰다듬어 주었다.

"넌 제우스 님이 어디 계신지 알지?"

불행히도 말은 말을 못하니 아무 대답도 들을 수 없었다.

대신 에코는 페가수스가 대기하고 있는 곳이 '상점 물품 배달 전용 출입구' 앞이란 걸 표지판을 보고 알아차렸다.

'제우스 님이 혹시 저 안에 계신 걸까?'

에코는 살며시 문을 열고 상점 뒤편에 마련된 창고 공간으로 들어갔다. 하늘하늘한 옷이 줄줄이 걸려 있는 옷걸이 사이를 지나 상점 쪽으로 다가가자 사람들 말소리가 들렸다. 인터뷰가 한창 진행 중이었다.

"귀하신 손님 두 분의 소개를 부탁드려도 될까요?"

에코가 선 곳에서는 인터뷰의 주인공이 누구인지 모습이 보이지 않았다.

"아, 물론이지."

우렁우렁한 목소리가 울려 퍼졌다.

"다들 알다시피 난 크레타섬의 이다산에 있는 동굴에서 자랐소. 그때 날 길러 준 유모가 바로 멜리사와 아말테이아요."

'제우스 님이구나!'

창고에서 이어지는 가게 안에 구경꾼들이 모여 서서 제우스의 인터뷰를 구경하고 있었다. 에코는 두근거리는 가슴을 안고 구경꾼 무리 뒤에 섰다.

"아말테이아는 염소젖을, 멜리사는 꿀을 내게 먹여 주었지."

신들의 제왕 제우스는 2미터가 넘는 키에, 온몸에 근육이 불거진 장사라 보기만 해도 위풍당당했다.

제우스가 옆에 선 염소와 머리 주위를 날아다니는 벌을 가리키자 손끝에서 불꽃이 파파팍 튀었다. 신호를 받은 염소와 벌이 곧바로 여자로 변신했다. 멜리사는 꿀처럼 샛노란 머리칼을, 아말테이아는 염소젖처럼 하얀 머리칼을 지니고 있었다.

"이분들 덕분에 오늘날의 내가 있을 수 있는 거요!"

제우스는 두 유모를 향해 함박웃음을 지었다.

"자, 이제 멜리사의 딸 님프 이데를 소개할 차례로군. 곧 결혼할 새 신부이기도 하지!"

한 아가씨가 행복한 미소를 지으며 앞으로 나섰다. 〈십 대들의 두루마리〉 잡지에서 본 바로 그 신부였다. 이데는 어머니를 닮아 꿀처럼 노란 머리카락을 지녔고, 등에는 벌 날개가 돋아 있었다.

"이곳 불멸 쇼핑센터에 내 유모들도 가게를 열기로 했소. 밀랍과 염소젖 같은 순수 재료로 만든 고급 비누와 향초를 선보일 예정이라오. 내일 퍼레이드 때 두 분이 만든 상품과 쇼핑센터

내 여러 가게의 상품을 함께 선보일 거외다. 스물네 대나 되는 플로트 카가 쇼핑센터를 돌면서 손님과 구경꾼 들에게 샘플을 나눠 주는 큰 이벤트가 열릴 거요."

제우스는 잠시 이야기를 멈추더니 신문사 소속 화가를 바라보았다. 그러고는 환하게 웃으며 멋진 자세를 취했다.

그 틈에 구경꾼들이 소곤소곤 이야기를 나누기 시작했다. 노란색과 검은색이 섞인 체크무늬 양복을 입고 콧수염을 멋들어지게 손질한 남자가 옆에 선 여자한테 속삭이는 소리가 에코에게 들렸다.

"잘됐지요? 그렇지 않아도 센터에 손님을 끌 만한 행사가 필요하던 참이니 말이죠."

화장 솜씨가 대단한, 눈이 셋 달린 여자가 고개를 끄덕이며 답했다.

"여간 반가운 소식이 아니에요. 그 몹쓸 티폰 때문에 우리 화장품 가게도 손님이 반이나 떨어져 나갔거든요."

제우스가 기자와 구경꾼 들을 향해 다시 입을 열었다.

"불멸 쇼핑센터는 인간, 불멸의 존재, 그 밖의 모든 존재까지 차별 없이 환영하니 와서 즐기시오."

제우스는 말을 하다 말고 갑자기 코를 킁킁거리며 냄새를 맡더니 황홀한 표정을 지었다.

"자, 여러분. 지금까지 들어 줘서 고맙소! 난 그만 가 보겠소이다. 신들의 제왕으로서 할 일이 있어서 말이지. 내 유모들이 안내할 테니 가서 두 분의 가게도 구경해 보시오."

제우스는 걸음을 떼려다 말고 쩌렁쩌렁 울리는 목소리로 한마디 덧붙였다.

"아, 참! 불멸 쇼핑센터는 안전하니 와서 마음껏 쇼핑하라고 소문 많이 내시게! 알았나?"

제우스의 인터뷰가 끝나자 구경꾼들이 우르르 자리를 떴다. 제우스의 유모를 비롯해 모두들 가게가 많이 모여 있는 쇼핑센터 본관으로 향하는 듯했다.

제우스가 작별 인사를 하며 기자들을 문밖으로 후다닥 내보내기에 에코는 근사한 키톤들이 쌓여 있는 선반 뒤쪽에 얼른 몸을 숨겼다.

모두 떠나고 가게 안에는 직원 몇 명만 남았다. 제우스는 안전한지 확인하는 듯 주위를 휘휘 살폈다. 그러더니 가게 한가운데 있는 비품 보관실로 가서 문 대신 달아 놓은 커튼을 열고 안으로 부랴부랴 들어갔다.

에코도 제우스의 뒤를 따라 살며시 그쪽으로 가서 커튼 앞에서 몇 분 동안 서성였다. 제우스가 나오길 기다리는 동안 에코는 용기를 그러모았다. 그래야 제우스와 마주쳤을 때 당당하게 문제를 고쳐 달라고 요구할 수 있을 테니까.

'안에서 대체 뭘 하시는 거지?'

하지만 제우스는 좀처럼 나올 기미가 없었다.

'혹시 새 천둥과 번개를 만드시는 건 아니겠지? 설마 재미 삼아 어디에 또 던져 볼까 궁리하고 계신 건가?'

에코는 자신은 옳고 제우스는 잘못했다는 확신에 찼다.

'더 기다릴 거 뭐 있어? 지금 아니면 기회는 없어.'

에코는 커튼을 젖히고 안으로 뚜벅뚜벅 걸어 들어갔다.

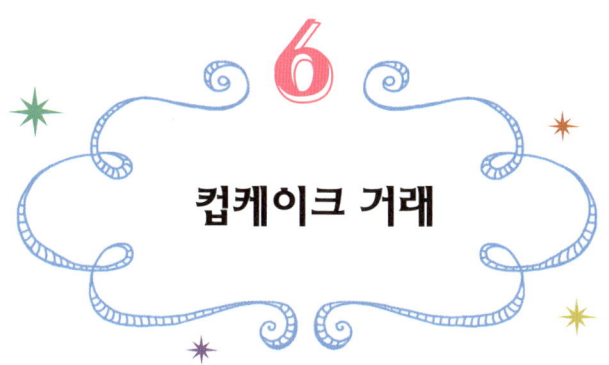

6
컵케이크 거래

에코를 등지고 있던 제우스는 인기척을 느꼈는지 갑자기 휙 돌아섰다.

"무은 이리냐?"

제우스는 말소리도 분명하지 않고 마치 보석을 훔치다 걸린 도둑처럼 얼굴에 죄책감이 가득했다. 그러고 보니 제우스의 손에는 컵케이크가 들려 있고, 수염에는 분홍색 크림이 잔뜩 묻어 있었다.

'어머, 지금 간식을 훔쳐 먹는 중이셨던 거야?'

몇 초 동안 둘 사이에 어색한 침묵이 흘렀다. 제우스의 허리띠에 달린 황금 번개 장식과 손목의 황금 팔찌가 섬뜩하게 번쩍였다. 실제로 가까이서 마주하는 제우스는 상상한 것보다 훨씬 더 거대했다.

에코는 여기까지 거침없이 찾아와 놓고서 갑자기 자신감이 휙 사그라들었다.

'제우스 님께 따질 생각을 하다니 내가 정신이 나갔었나 봐. 자칫 제우스 님의 성미를 돋우었다간 번개에 맞아 순식간에 먼지가 될 거야.'

제우스는 에코를 가루로 만드는 대신 안도의 한숨을 쉬었다.

"휴, 다행이다. 누궁가 해서 놀라짜나."

제우스는 들고 있던 분홍색 컵케이크를 마저 입 안으로 밀어 넣더니 곧바로 노란색(아마도 레몬 맛?) 컵케이크를 두 입 만에 해치웠다.

"으으음, 마이꾼."

진심으로 행복해하는 제우스를 보며 에코는 한껏 인상을 찌푸렸다.

'내 삶은 망가졌는데 저분은 저렇게 행복해도 되는 거야?'

제우스에게 대가를 치르게 하겠다는 분노가 에코의 마음속에서 다시 부글부글 끓어올랐다.

"전 에코라고 해요."

에코는 마음이 변하기 전에 얼른 말을 꺼냈다.

"오레이아데스 님프예요. 제우스 님이 던지신 번개에 제 완소나무가 맞았어요!"

에코의 목소리가 덜덜 떨렸다.

"응? 완소나무? 완두콩이 열리는 소나무라는 거냐?"

제우스는 새 케이크를 우적우적 먹으며 되물었다. 이번에는 색깔이 진갈색인 걸 보니 아마 초콜릿 맛인 듯했다.

"완소나무는 제가 깃든 나무 이름이에요! 그저께 보이오티아 산림 지대를 지나가지 않으셨어요? 야수의 숲에서 멀지 않아요."

"글쎄다……."

제우스는 곰곰이 생각해 보는 눈치였다. 에코는 멈추지 않고 계속 하고 싶었던 말을 쏟아냈다.

"제우스 님께서 던지신 번개에 제 완소나무가 맞아서 '쾅!' 하고 쓰러졌어요!"

에코는 참혹했던 그날을 몸소 보여 주려는 듯 두 손을 휘저었다. 그 끔찍했던 순간을 떠올리자 에코는 다시금 마음이 찢어지듯 아팠다.

제우스는 초콜릿 컵케이크를 마저 삼키더니 한결 또렷하게 대답했다.

"수요일에는 보이오티아 근처에 얼씬도 하지 않았는데?"

이어 제우스는 다시 딸기 맛 컵케이크를 집어 들었다. 그제야 에코는 제우스 뒤쪽 선반에 컵케이크가 여러 가지 맛별로 쟁반 한가득 놓여 있다는 걸 알아차렸다. 제우스는 먼저 케이크 위에 장식된 딸기를 톡 떼어 먹더니 이어 빵 부분을 우적우적 먹어 치웠다. 제우스가 에코에게도 먹어 보라고 권했지만, 에코는 고개를 가로저었다.

'이 상황에 케이크가 목으로 넘어가겠어?'

에코는 물러서지 않고 따지기로 마음먹었다.

"그럴 리가 없어요. 제우스 님이 아니면 누구겠어요? 번개가 번쩍하더니 완소나무에 내리꽂혔단 말이에요!"

에코가 고개를 빳빳이 들고 말했다.

"그러니까 제 부탁, 아니 요구를 들어주……."

에코의 단호한 말투에 제우스가 인상을 찌푸렸다. 우람한 팔뚝에 전기가 파지직 흘렀다.

'오, 이런. 말조심해야겠는걸.'

제우스를 화나게 만든 이들이 어떤 봉변을 당했는지 에코도 익히 들어 알고 있었고, 교장실에서 그을린 자국이 가득한 의자도 본 참이었다. 에코는 전기구이가 되지 않으려고 뒤로 한 발짝 물러섰다.

그런데 그때, 보관실 커튼 너머로 여자 목소리가 들려왔다.

"제우스?"

그 목소리를 듣고는 제우스의 눈이 튀어나올 듯이 커졌다. 이제는 반대로 제우스가 겁을 먹은 듯했다. 제우스는 커다란 손에 컵케이크 세 개를 들고, 수염은 크림 범벅에, 엄마 몰래 사탕을 훔쳐 먹다 걸린 어린아이 같은 표정을 짓고 있었다.

"제우스?"

커튼 너머에서 여자가 목청을 높여 물었다.

"혹시 그 안에 있어요?"

제우스는 손에 들고 있던 컵케이크를 대뜸 어깨 너머로 휙 던졌다. 컵케이크가 쟁반 위에 후드득 떨어졌다. 이어서 제우스의 새파란 눈동자가 에코의 갈색 눈동자를 똑바로 마주 보았다.

"내게 시간을 벌어 주면 네가 원하는 건 뭐든 주마. 저 여인을 붙잡아 주렴."

"시간을 벌어요? 누구를 붙잡으라는 거예요?"

에코는 무슨 말인지 전혀 알아들을 수가 없었다.

"내 아내 헤라! 이 가게 주인 말이다!"

제우스는 대답도 듣지 않고 대뜸 에코를 돌려세우더니 커튼 밖으로 밀어냈다.

"으악!"

일부러 그러지는 않았겠지만, 제우스의 손에 찌르르 흐르는 전기 때문에 에코는 화들짝 놀랐다.

에코가 휘청거리며 밖으로 튀어 나간 순간, 바로 앞에 아름답고 위엄 넘치는 여신 헤라가 서 있었다. 풍성한 금발을 머리 위로 높이 틀어 올려 멋을 낸 헤라는 빈틈없는 눈빛을 지녔고, 키가 그리 크지 않은데도 마치 조각상처럼 당당해 보였다.

"오, 꼬마 아가씨. 안녕."

헤라는 놀라면서도 호기심 가득한 표정으로 에코를 바라보았다.

"아, 안녕하세요?"

에코는 곧장 헤라의 말씨를 흉내 내려 했다. 목소리도 어떻게든 따라 하고 싶었다. 헤라의 목소리는 참으로 아름답고, 듣기 좋고, 자신감이 넘쳤다.

"그 안에서 뭘 하고……."

헤라는 커튼 쪽을 곁눈질하며 물었다.

'제우스 님이 내가 원하는 건 뭐든 주겠다고 하셨어. 그럼 완 소나무를 되살릴 수도 있겠지?'

에코는 제우스가 부탁한 대로 헤라의 주의를 다른 곳으로 돌리려고 밝게 수다를 떨기 시작했다.

"전 에코라고 해요. 빵집이 정말 근사하네요. 혹시 주인이세요? 전혀 제빵사처럼 보이지 않으셔서요. 하긴 이곳도 빵집같이 느껴지진 않네요."

"아, 그야 아니니까. 여기는……."

에코는 헤라에게 제대로 말할 틈을 주지 않았다.

"정말요?"

가게 앞쪽에 온갖 별미를 모아 둔 탁자 하나가 놓여 있었다. 에코는 헤라가 자신을 따라오기를 바라며 그쪽으로 걸음을 옮겼다.

"그럼 이 맛나 보이는 과자는 다 뭐예요?"

에코는 줄지어 놓인 옷걸이 사이를 지나 탁자 옆으로 갔다.

"케이크, 박하사탕, 하트 모양 쿠키, 온갖 간식거리, 마카롱, 초콜릿까지. 아, 여기 혹시 과자 전문점이에요? 그럼 이 하늘하늘한 옷은 왜 걸려 있는 거예요?"

불행히도 헤라는 선 자리에서 움직이려 하지 않았다.

"그 과자는 모두 견본품이야. 이 키톤들도 마찬가지고."

헤라는 비품 보관실 쪽으로 목을 쭉 빼고 선 채 대답했다. 에코에게 꿍꿍이가 있다는 걸 눈치챈 듯했다.

"여긴 웨딩 숍이란다."

에코는 재빨리 움직여 커튼 앞을 가로막고 섰다.

"그래요? 우아! 어쩐지 모든 게 반짝이고 특별해 보였어요."

"우리 가게는 해피엔드가 특기거든."

헤라가 한 걸음 옆으로 비켜섰다. 에코 옆을 돌아서 비품 보관실에 들어갈 작정인 듯했다.

"아!"

에코는 다시 헤라 앞을 가로막고 서서 두 손을 꼭 모아 쥐며 소리쳤다. 어느 정도 과장을 섞긴 했지만, 반가운 마음은 진심이었다.

"저 들어 본 적 있어요! 가게 이름이…… '헤라의 해피엔드' 맞죠?"

에코는 그제야 가게 안을 주의 깊게 돌아보았다. 신부용 키톤 말고도 다양한 물건이 있었다. 키톤에 어울리는 기다란 장갑과 샌들, 반짝이는 신부용 머리 장식, 청첩장과 결혼식장 꽃꽂이 장식 카탈로그, 신부용 키톤에 다는 각종 장식품이 선

반마다 가지런히 진열되어 있었다. 여기야말로 에코처럼 패션에 관심이 많은 아이한테는 과자점보다 훨씬 달콤한 곳이었다.

"그래. 신부들이 여기 진열된 키톤을 입어 보고서 마음에 드는 걸 고르면 우리는 신부의 치수에 맞춰 견본과 똑같은 키톤을 완전히 새로 만든단다. 신부가 디자인을 약간 수정하길 원할 때도 있고, 우리가 장식을 더할 때도 있고……."

"두루마리 잡지에서 곧 있을 결혼식에 관한 기사를 읽었어요. 그 신부를 위한 키톤도 여기 있나요? 볼 수 있어요?"

"아니. 이미 신부한테 보냈어."

헤라는 슬슬 짜증이 돋는 듯했다.

"얘야, 이제 수다는 그만 떨고……."

에코의 수다는 고삐 풀린 말처럼 멈출 줄 몰랐다. 대부분 개인적인 관심과 호기심에서 나온 이야기였지만, 제우스에게 도망가거나 증거를 숨길 시간을 벌어 주려는 목적도 있었다.

'그런데 제우스 님은 저 안에서 뭘 하고 계신 거지?'

줄기차게 떠들어 대던 에코도 시간이 지나자 이야깃거리가 동나 버렸다.

그때 비품실 커튼이 열리더니 제우스가 밖으로 나왔다.

"오, 내 사랑하는 알사탕. 잘 있었소?"

제우스가 인사를 건네며 헤라의 볼에 입을 맞췄다. 그러나 헤라는 팔짱을 턱 끼더니 미심쩍은 눈빛으로 제우스를 빤히 쳐다보았다.

"컵케이크가 가득한 곳에서 뭐 하고 있었던 거예요?"

"컵케이크가 있었다고요? 처음 듣는 얘기인데?"

에코는 웃음이 나오려는 걸 꾹 참았다.

'신들의 제왕도 남의 말을 되풀이할 때가 있구나. 하긴, 시간 끌면서 주의를 돌리기에 이만한 전략이 없지.'

"안에 견본용 컵케이크가 쌓여 있었을 텐데요."

헤라는 커튼을 휙 젖히고서 비품 보관실 안으로 들어갔다. 에코도 빼꼼 안을 들여다보았다가 깜짝 놀랐다.

'세상에, 컵케이크가 싹 사라졌어! 쟁반에 놓여 있는 것만 해도 스무 개는 돼 보였는데. 제우스 님 혼자서 그 많은 걸 다 드신 걸까?'

"희한하네. 오라클 오 제과 서점에서 컵케이크 견본품을 여기로 가져다 놓았을 텐데. 이데가 맛을 보고서 결혼식 때 대접할 걸 고르기로 했는데 말이야. 혹시 내 주문을 잊은 건가?"

헤라의 중얼거림을 듣고 에코는 식은땀이 돌았다.

'맙소사, 내가 헤라 님을 붙잡아 둔 동안 스무 개가 넘는 컵케이크를 정말로 다 먹어 치우신 거야? 혼자서?'

때마침 제우스의 튜닉에 묻은 분홍색 크림 얼룩이 에코의 눈에 들어왔다. 헤라가 돌아 있는 틈에 에코는 얼른 얼룩을 가리키며 "크림."이라고 입 모양으로 알렸다.

제우스는 무슨 말인지 모르겠다는 듯이 어리둥절한 표정을 지었다. 하필 그때 헤라가 딱 뒤돌아섰다! 남편의 표정을 본 헤라는 눈썹을 추켜올리며 의심의 눈총을 날렸다.

이어 헤라는 인상을 찌푸리며 에코를 쳐다보았다. 에코와 제우스가 짜고서 자신을 놀렸다고 확신하는 듯했다. 이내 헤라는 제우스의 가슴팍에서 분홍색 얼룩을 발견했다.

"여보. 당신 옷에 묻은 그거, 케이크 크림 아녜요?"

"허허."

제우스는 얼른 얼룩을 북북 문질렀다.

"멜리사 유모가 보낸 꿀이 묻었나 보군. 여보, 기억 안 나요? 내가 꿀을 즐기는 모습을 〈주간 그리스 뉴스〉 삽화가가 그릴 예정이라고 했잖소? 그래서 살짝 맛만 봤는데 이렇게 흘렸군. 허허."

헤라가 손가락을 까딱이며 대꾸했다.

"세상에 '분홍색' 꿀도 있나요? 그럴 리는 없을 텐데."

상황이 이렇게 되자 에코는 얼른 머리를 굴렸다.

"잠깐만요! 헤라 님, 제우스 님께 화내지 마세요. 범인은 저예요. 제가 컵케이크를 거의 다 먹어 버렸어요. 제우스 님은 절 감싸 주려 하신 것뿐이에요."

에코는 계속 그럴듯한 말을 꾸며냈다.

"어, 그러니까, 제가 곧 아는 분 결혼식에서 신부 들러리를 설 건데요. 신부 되실 분이 저한테 결혼식에 쓸 만한 좋은 아이디어가 있는지 찾아봐 달라고 부탁하셨어요. 머나먼 숲에서 여기까지 오다 보니 배가 너무 고프더라고요."

에코 스스로도 어디서 왔는지 모를 거짓말이 술술 흘러나왔다. 다행히 결혼식 이야기에 헤라가 곧바로 관심을 보였다.

"아, 그래? 좀 전에 말했다시피, 내가 잘 아는 분야가 있다면 바로 결혼식 진행이지. 청첩장, 꽃 장식, 특별한 날을 위한 멋진 키톤······."

쾅!

갑자기 가게 문이 열리면서 꿀 향기가 나는 산들바람이 휙 불어 들어오더니 헤라에게 두루마리 편지 한 통을 배달했다. 헤라는 두루마리를 펼쳐서 읽어 보더니 표정이 어두워졌다.

"여보, 무슨 문제가 생겼소? 내가 도와줄까요?"

헤라가 고개를 들고 제우스를 바라보더니 눈만 끔벅였다. 이윽고 마법 바람이 떠나자 헤라는 얼른 두루마리 편지를 돌돌 말았다.

"아니요, 아무 문제 없어요."

헤라는 웃는 얼굴로 밝게 대답했지만, 어딘지 모르게 굳어 있었다.

"이데가 조금 전에 가게에 들렀어요. 우리가 디자인한 웨딩 키톤이 완벽하다며 기뻐하더군요. 그런데 마음이 바뀌었나 봐요. 디자인을 좀 고쳐 달라고 오늘 키톤을 돌려보내겠다네요. 뭐, 괜찮아요. 이 정도는 얼마든지 감당할 수 있어요."

"아무렴, 누가 맡아서 처리하고 있는데! 당신이 맡은 이상, 이데는 백 년에 한 번 있을까 말까 한 멋진 결혼식을 치르게 될 거요!"

제우스는 컵케이크 사고를 친 뒤라서 그런지 헤라에게 더욱 살갑게 굴었다.

헤라는 그런 제우스를 다정하게 바라보며 미소 지었다.

"당신이 멜리사 유모를 얼마나 고맙게 여기는지 알아요. 그러니 나도 당연히 그분 따님의 결혼식을 중요하게 여기는 거고요. 내가 할 수 있는 한 최선을 다해 도울 생각이에요."

이어 헤라는 엄한 표정으로 비품 보관실 안의 빈 쟁반을 가리켰다. 제우스는 미처 쟁반까지 숨길 생각은 못 한 듯했다.

"그래도 당신한테 좀 실망했어요. 에코가 컵케이크를 몇 개 먹었다 하더라도 나머지는 당신이 기꺼이 도운 것 같은데요? 당분 많은 음식을 그렇게 한꺼번에 몰아서 먹는 버릇, 내가 문제라고 했죠? 언제쯤 과자를 줄이고 건강한 식습관을 들일 거예요?"

"물론 당신이 시키는 대로 해야죠. 내 사랑하는 알사탕."

제우스는 헤라의 화를 가라앉히려고 고분고분 대답하더니 씩 눈웃음을 치며 중얼거렸다.

"흠, 알사탕도 좋지."

에코는 그런 제우스를 보고 입을 떡 벌렸다.

'방금 컵케이크를 스무 개나 먹고도 다른 간식을 탐하시다니! 와, 제우스 님은 신들의 제왕이자 간식의 제왕이로구나.'

제우스의 반응에 헤라도 "훗." 하고 웃음을 터뜨렸다. 하지만 다시 근엄한 표정을 지으며 꾸지람을 퍼부었다.

"건강한 음식만 먹겠다고 나하고 분명히 약속했잖아요. 난 당신한테 멜리사 유모의 딸이 완벽한 결혼식을 올릴 수 있게 해 주겠다고 약속했고요. 지금 난 그 약속을 지키기 위해 최선을 다하고 있어요. 당신도 부디 의지를 발휘해서 약속을 지키면 좋겠군요."

제우스는 기분이 약간 상한 듯 정색했다.

"난 약속을 지키는 신이오. 제우스 하면 의지의 제왕이지. 달콤한 간식 따위 몇 년이고 안 먹을 수 있소. 음, 몇 달 정도는. 흠, 아니. 몇 주 정도로 합시다."

"그렇다면 증명해 보여요. 일주일은 어때요? 일주일 동안 설탕이 든 음식은 절대 먹지 않는 거예요."

"그럼 월요일 결혼식은 어떻게 하오?"

제우스는 헤라 뒤로 보이는 간식이 가득한 탁자를 애절한 눈으로 바라보았다.

"내 말이 바로 그 말이에요. 결혼식에 온 손님들한테 당신이 건강한 식습관을 지킬 줄 아는, 강력한 의지를 지닌 남자라는 걸 보여 주는 거죠. 다들 당신을 우러러볼 거예요. 모두에게 모범을 보이세요."

제우스는 잔뜩 우울한 목소리로 대답했다.

"알았어요. 그리하리다."

그때 초인종이 딸랑딸랑 울리더니 누군가가 가게 안으로 들어왔다. 헤라는 손님을 맞으러 가다가 고개를 돌리고서 에코에게 말했다.

"결혼한다는 네 지인에게 우리 가게에 들러 보라고 전하렴. 월요일 이후에 말이야. 그때는 이렇게까지 바쁘지 않을 거야. 네 지인이 완벽한 결혼식을 할 수 있도록 기꺼이 도우마."

에코는 세차게 고개를 끄덕였다. 헤라가 이렇게 친절하게 대해 주니 실제로 아는 신부가 없다는 사실이 아쉬울 지경이었다.

'눈과 귀를 바짝 열고 다녀야겠어. 누구든 결혼한다고 하면 무조건 여기 가 보라고 해야지.'

헤라가 떠나자 제우스는 에코의 존재 자체를 까맣게 잊은 듯 페가수스가 기다리고 있는 출입구로 성큼성큼 걸음을 옮겼다.

에코는 제우스가 가게를 나서기 전에 얼른 뒤따라갔다.

"잠깐만요! 약속을 지키는 신이시라면서요. 헤라 님을 붙잡아 주면 제가 원하는 건 뭐든 들어주신다고 하셨잖아요. 시키는 대로 했으니……."

제우스가 알겠다는 듯 고개를 끄덕이더니 에코를 사려 깊은 눈빛으로 바라보았다.

"그래. 부탁한 바를 잘 해냈지. 그런데 난 네 나무를 고쳐 줄 순 없어. 대신 다른 쪽으로 네게 도움을 주려 한다."

"싫어요!"

에코는 제우스의 대답을 끝까지 듣지 않고 버럭 소리쳤다.

"제우스 님께서 망가뜨리셨으니까, 책임지고 완소나무를 고쳐 주세요!"

제우스는 짜증이 치미는지 팔짱을 끼고서 발을 탁탁 구르기 시작했다.

"안됐지만, 네가 뭐라고 생각하든 네 나무를 쓰러뜨린 번개는 나랑 아무 관련이 없다. 네 나무를 되살리거나 네게 새 나무를 주는 건 규칙을 어기는 일이야. 그것도 내가 만든 규칙을 말이다. 그래도 네가 날 도와주었으니, 어느 정도 양해해 줄 필요는 있겠지."

"그래서요?"

에코는 희망으로 눈을 반짝이며 물었다.

"네게는 아예 다른 규칙을 적용하려 한다. 네가 다른 지역으로 가서 다른 님프가 되는 걸 허락해 주마."

"하지만 완소나무는……."

제우스는 두툼한 손을 휘저었다.

"매달려도 소용없다. 그 규칙은 절대 바꿀 수 없어. 어쩌면 그 숲이 네게 안 맞는지도 모르잖니? 특별히 지정된 나무를 님프 혼자 힘으로 잘 돌보려면 큰 책임감이 필요해. 그런데 다른 지역에 사는 님프들은 책임을 나눠서 함께 지키거든. 강이나 구름 전체를 보호하기 위해서 한 팀으로 움직이지."

제우스는 상대를 꿰뚫어 보는 듯 강렬한 눈빛으로 에코를 똑바로 바라보았다.

"내 제안이 너도 마음에 들 거다."

제우스는 단호하지만 따뜻한 목소리로 말을 이었다.

"그러니 받아들이렴. 팀의 일원이 되어 지낼 수 있는 지역을 고르거라. 일주일 시간을 줄 테니 옮기고 싶은 곳을 잘 골라 봐, 알겠느냐?"

그때 갑자기 제우스 옆 옷걸이에서 부스럭대는 소리가 들렸다. 그러더니 제우스한테는 보이지 않는 쪽 키톤 사이에서 놀랍게도 아테나가 고개를 살짝 내밀었다.

'그러겠다고 해!'

아테나가 소리 없이 입 모양으로 말했다. 그러자 아테나 옆에서 아프로디테가 얼굴을 쏙 내밀더니 열심히 고개를 끄덕였다. 곧바로 조금 더 멀찍이 떨어진 옷걸이에서 아테나의 생각을 지지한다는 듯 두 손이 차례대로 올라오더니 각각 엄지를 척 들어 보였다.

"네, 그렇게 할게요."

대답은 했지만, 에코는 그저 불만스러울 뿐이었다.

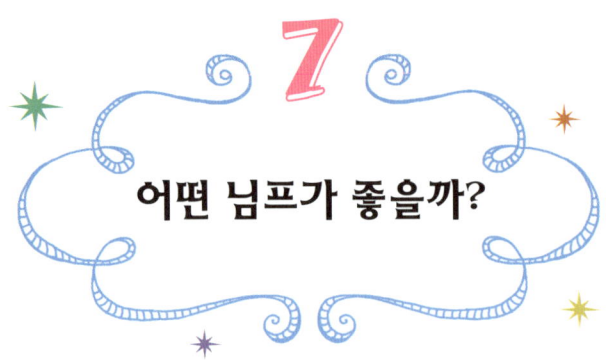

어떤 님프가 좋을까?

제우스가 가게를 나서자마자 옷걸이 뒤에서 아테나, 아프로디테, 페르세포네, 아르테미스가 우르르 몰려나왔다. 네 소녀 신은 조용히 하라는 신호를 보내고서 놀란 에코를 얼른 가게 밖 쇼핑센터 복도로 데리고 나갔다. 헤라나 웨딩 숍 직원에게 들키지 않으려고 무척 조심하는 듯했다.

이윽고 아이들은 다 함께 불멸 쇼핑센터 출입문 쪽으로 천천히 걸음을 뗐다.

"우리가 갑자기 나타나서 놀랐지? 미안해."

아프로디테가 먼저 말을 꺼냈다.

에코는 완소나무를 되살릴 방법이 더 이상 없다는 막막함에 쇼핑센터 안의 화려한 가게들이 눈에 들어오지도, 네 소녀 신이 헤라의 가게에 숨어서 뭘 하고 있었는지 물어볼 생각도 들지 않았다. 지금 에코의 머릿속에는 오직 한 가지 생각뿐이었다.

'완소나무가 정말로, 진짜, 영원히 떠났어.'

"수업 빼먹고 여기 왔다는 걸 교장 선생님한테 들킬 순 없어서 말이야."

페르세포네가 사정을 설명했지만 여전히 에코는 아무런 말도 귀에 들어오지 않았다.

"에코 네 안전이 걱정되어서 따라올 수밖에 없었어."

아르테미스가 고개를 끄덕였다.

"맞아. 네가 날개 샌들을 신고 떠나는 모습이 창밖으로 보이더라고. 그래서 친구들한테 네가 안전한지 함께 확인해 보러 가자고 부탁했어."

"오래 숨어 있었어?"

에코가 물었다. 자신이 제우스, 헤라와 나눈 이야기를 네 소녀 신이 얼마나 들었을지 신경 쓰였다.

아테나가 먼저 대답했다.

"몇 분 정도? 널 찾는 데 한참 걸렸거든. 지금 가게에서 헤라 님이 맞이하고 있는 손님을 살짝 뒤따라 들어왔어."

이어 페르세포네가 에코의 슬픔을 달래 주려는 듯 다정한 목소리로 말했다.

"교장 선생님께서 네게 하신 말씀 들었어. 나무 일은 너무 안됐다. 난 꽃 한 송이만 시들어도 속상한데, 깃들었던 나무를 통째로 잃다니. 네 마음이 어떨지 짐작이 가."

나머지 세 소녀 신도 안타까운 표정으로 고개를 끄덕였다.

"응, 너무 속상해."

에코가 서글프게 대답하자 아테나가 위로를 건넸다.

"우리 모두 네 일로 가슴 아파하고 있어. 그런데 만약 그 일이 정말 아빠 책임이었다면 거짓말하지 않으셨을 거야."

에코는 완소나무가 쓰러졌던 날을 떠올려 보았다.

'그러고 보니 천둥소리를 들은 적이 없네. 제우스 님이 던진 번개는 '우르릉 쾅!' 하는 천둥소리가 따라오는데 말이야. 내가 들었던 엄청난 소리는 나무가 산산이 부서지는 소리였어. 흠, 제우스 님이 아니라면 도대체 누가 그런 일을 벌인 거지?'

생각에 잠겨 있는 에코에게 아프로디테가 말을 걸었다.

"에코, 교장 선생님께서 하신 말처럼 다른 지역에서 지내볼 생각 있니?"

에코는 어깨를 들썩이며 크게 한숨을 쉬었다.

"뭐, 없지는 않아."

에코에겐 선택의 여지가 없었다. 하지만 지금까지 살아온 방향을 완전히 바꿔서 다시 시작해야 한다고 생각하니 에코는 불안해서 견딜 수가 없었다.

"그런데 어느 지역으로 가야 할지 모르겠어."

마침 아이들은 오라클 오 제과 서점 옆을 지나는 중이었다. 아르테미스가 가게 쪽을 눈짓하며 말했다.

"그 결정을 내리기 위해서 지금 가장 필요한 게 뭔지 알아? 바로 간식이야."

아테나가 환한 얼굴로 고개를 끄덕였다.

"찬성! 헤라 님 가게에서 온갖 어여쁜 파티용 음식을 봤더니 뭔가 먹고 싶어졌어. 게다가 우린 점심도 못 먹었잖아. 들어가서 간식이라도 먹자."

'어? 아테나도 아버지를 닮아서 달콤한 과자를 좋아하나?'

하지만 가게 밖으로 풍기는 황홀한 쿠키 향기를 맡은 순간, 에코도 바로 마음이 바뀌었다.

"흐음, 한두 가지 맛보는 정도는 괜찮겠지?"

가게 안에 들어갔더니 아르테미스의 쌍둥이 아폴론이 어떤 여자아이와 이야기를 나누고 있었다. 소녀는 불꽃처럼 진한 금발에 한쪽 귀에는 태양 모양, 다른 한쪽에는 초승달 모양 귀걸이를 달고 있었다.

"뭐야? 수업 빼먹은 거야?"

아폴론이 아르테미스와 친구들을 보고서 놀랐다. 아르테미스가 싱글대며 대꾸했다.

"너도 처지가 크게 다르지 않은 것 같은데?"

아테나, 아프로디테, 페르세포네가 뭘 먹을지 고민하며 쿠키 진열대 주위를 기웃거리자, 아폴론과 이야기 나누던 소녀가 주문을 도와주려 아이들 곁으로 다가왔다.

"난 공식적인 볼일이 있어서 허락받고 온 거라고."

아폴론이 통행증을 아르테미스 앞에 흔들어 보였다.

"내일 퍼레이드 때 우리 천상천하 밴드가 공연할 거거든. 그래서 나르키소스를 다른 애들한테 맡겨 두고 공연 준비를 하러 왔어."

"우리도 나름대로 이유가 있어. 다른 지역에서 온 손님의 안전을 확인하기 위해 왔다고. 손님이 교장 선생님하고 면담을 했거든."

아르테미스는 사실을 살짝 비틀어 전했다.

"에코, 내 쌍둥이 동생 아폴론이야. 아까 잠깐 만났지? 그리고 쟤는 카산드라야."

아르테미스는 방금 전까지 아폴론과 이야기 나누고 있던 소녀를 가리켰다.

카산드라는 가게 안쪽에서 나머지 세 소녀 신에게 쿠키를 추천해 주다가 에코를 향해 손을 흔들며 인사를 건넸다.

"만나서 반가워!"

아폴론이 먹고 있던 쿠키를 마저 해치우기 시작하자 에코는 아르테미스와 함께 쿠키 진열대 쪽으로 걸음을 옮겼다.

"아, 뭘 먹지?"

종류가 많아서 페르세포네는 아직도 마음의 결정을 내리지 못한 듯했다.

에코는 속으로 중얼거렸다.

'내 말이 그 말이야. 쿠키 하나 고르는 일도 이렇게나 어려운데, 앞으로 어디서 어떻게 살지 결정하는 건 얼마나 더 어렵겠냐고!'

진열대를 훑어보던 아프로디테가 먼저 결정을 내렸다.

"나는 '올림포스 민트 크런치' 먹을래. 너희들은 무슨 맛을 골랐어?"

에코의 눈이 반짝했다.

"오오! 이름만 들어도 맛있을 것 같아. 나도 그거 할래."

그런데 아이들이 쿠키를 고를 때마다 에코는 먼저 한 자신의 주문을 취소하고, 새로 똑같은 걸 주문했다.

'이게 더 맛있을 것 같아서 따라 하지 않을 수가 없어!'

에코가 자꾸 마음을 바꾸자 아테나는 당혹스러운 표정으로 말했다.

"음, 그럼 아예 여러 가지 맛이 골고루 든 세트를 사서 다 같이 나눠 먹자."

계산하는 사이, 에코는 우연히 아폴론 곁에 서게 되었다. 아폴론의 튜닉 앞에 천상천한 밴드의 로고가 찍혀 있었다.

'아, 맞다! 판이 그토록 함께 연주하고 싶어 하는 밴드가 천상천하였지.'

에코는 자기도 모르게 말을 툭 뱉었다.

"새 멤버 모집은 안 해? 내 친구 중에 판이라는 애가 있는데, 음악 재능이 대단하거든."

"한 번씩 악기 연주자가 필요할 때가 있긴 한데, 우리가 정식 멤버한테 요구하는 기준이 좀 까다로워서 말이야. 어디서도 들어 본 적 없는 아름다운 소리를 낼 줄 알아야 하거든."

아폴론은 잠깐 생각하더니 다시 말을 이었다.

"이러면 어떨까? 네 친구한테 우리 밴드를 만나 보고 싶다면 내일 퍼레이드가 끝난 뒤에 불멸 쇼핑센터 중앙 출입구 쪽으로 오라고 전해 줘."

에코는 생각에 잠겼다.

'새 멤버 모집 계획이 없다는 소식에는 섭섭해하겠지만, 밴드 멤버와 함께 다 같이 만나 보자고 아폴론이 초대했다는 얘기를 들으면 판이 정말 기뻐할 거야. 음, 그런데 판의 실력이 천상천하 멤버들의 눈높이를 맞출 수 있을까? 제대로 된 악기만 들고 오면 최소한 즉흥 연주 기회는 얻을 수 있을 거야. 아, 판이 거절당하고 가슴 아파하는 일이 없어야 할 텐데.'

에코는 아폴론을 보며 말했다.

"생각해 줘서 고마워. 그런데 판한테 소식을 전할 방법을 모르겠어. 난…… 음……. 한동안 숲으로 돌아가지 않을 수도 있거든."

에코는 제우스의 제안을 떠올리며 속으로 씁쓸하게 중얼거렸다.

'어쩌면 영원히.'

그러자 듣고 있던 아테나가 나섰다.

"그건 걱정하지 마. 이 가게는 서점도 같이 하거든. 날개 달린 편지지를 사서 내용을 쓰고 날려 보내면 돼."

에코는 머뭇머뭇하다가 고개를 끄덕였다.

"좋은 생각이야. 알려 줘서 고마워."

'이왕 이렇게 된 거 아폴론의 초대 소식에 더해 판과 다프네에게 내 상황이 어떤지 같이 알려야겠어. 아무 소식이 없으면 걱정할 거야.'

에코는 아테나가 구해 온 편지지에 얼른 편지를 썼다. 잠시 후 작은 두루마리가 날개를 파닥이며 판을 향해 떠났다.

'편지를 받으면 판이 다프네한테도 소식을 전해 줄 거야.'

에코는 네 소녀 신과 함께 가게를 나섰다. 아이들은 다른 가게들의 진열장을 구경하며 쿠키를 나눠 먹기로 했다.

에코는 무슨 맛인지 확인하지 않고 종이 가방에서 쿠키 하나를 손에 잡히는 대로 집었다. '바닐라 스릴라'라는 맛이었다. 에코가 쿠키를 한 입 베어 문 순간, 어디선가 작은 목소리가 들려왔다.

"당신은 조언이 필요해질 거예요."

에코는 눈을 크게 뜨고서 주위를 휘휘 살폈다.

"누가 말했어?"

페르세포네가 까르르 웃으며 대답했다.

"네 쿠키가 말한 거야. 오라클 쿠키는 한 입 베어 물면 예언을 들려주거든."

이어 페르세포네가 자신이 고른 쿠키를 한 입 베어 물었다.

"당신은 파도를 타게 될 거예요."

"맞아! 난 내일 퍼레이드에서 포세이돈의 플로트 카를 탈 거야. 플로트 카 장식 주제가 뭐겠어? 당연히 바다지, 뭐."

세 소녀 신은 그 말에 너털웃음을 터뜨렸다. 하지만 에코는 진지하기만 했다.

"내가 받은 예언도 맞는 것 같아. 조언이 정말 필요해. 얘들아, 나 좀 도와줄래? 님프가 어디 한둘이어야지. 너희들 생각에는 내가 어떤 님프가 되면 좋을 것 같아?"

에코는 네 소녀 신을 간절한 눈으로 바라보았다. 하지만 넷은 뭐라 대답하기 곤란한 듯 서로를 머쓱하게 쳐다보기만 할 뿐이었다.

잠시 후 아테나가 먼저 입을 열었다.

"너에 대해 아직 잘 모르는데 어떤 판단을 내리긴 어려울 것 같아."

에코는 어깨를 들썩이며 대답했다.

"궁금한 거 있으면 물어봐."

"음, 그럼 패션 스타일로 시작해 보면 어떨까?"

아프로디테가 가게 진열장을 가리키며 물었다. 아이들은 마침 초록색 옷만 파는 '녹색 풍경'이라는 가게 앞을 지나는 중이었다.

"난 어떤 결정을 내려야 할 때, 그 문제를 패션 측면에서도 생각해 보거든. '하늘하늘한 옷, 우아한 옷, 단순하고 깔끔한 옷, 운동하기 좋은 옷, 등산하기 좋은 옷, 그중에서 어떤 게 좋을까?' 이런 식으로 말이야."

아프로디테의 말에 페르세포네가 싱글거리며 장난스럽게 대꾸했다.

"와아, 너한테 그런 면이 있는 줄 몰랐네."

아르테미스도 동시에 한마디 던졌다.

"맙소사, 넌 중요한 결정을 옷에 맡기는 거야?"

아르테미스는 정말로 기겁하는 듯했다.

"만약에 키톤이랑 망토가 서로 안 어울리면 어떻게 해?"

아르테미스의 말에 아프로디테까지 모두가 "푸핫!" 하고 웃음을 터뜨렸다.

웃음이 잦아들자 아르테미스가 진지한 눈빛으로 에코를 바라보며 말했다.

"내가 마침 그리스의 거의 모든 님프를 알거든. 함께 여러 지역을 돌아다니며 직접 님프들을 만나 보면 어떨까?"

아테나가 탄성을 터뜨렸다.

"우아, 좋은 생각이야!"

"그래. 어느 지역이 네게 제일 잘 맞는지 확인해 보자."

아프로디테는 아르테미스를 놀리는 눈빛으로 흘깃 보며 덧붙였다.

"그러니까 새 키톤을 사기 전에 미리 한번 입어 보는 거랑 비슷한 거구나?"

아르테미스는 아프로디테의 비유에 어이없다는 듯이 눈을 굴렸지만, 페르세포네는 아프로디테와 손을 짝 마주쳤다.

"바로 그거지!"

'어쩐지 얘들이 나보다 더 신난 것 같아.'

에코는 빙그레 웃음이 났다.

'하긴, 이게 나을지도 모르겠다. 나도 어떻게든 선택을 하긴 해야 하는데, 이렇게 친절하고 재미있는 아이들이 날 도와주겠다고 나서잖아. 나도 같이 기운 내야지.'

다섯 아이는 기운차게 쇼핑센터 밖으로 나와 샌들의 날개에 감아 둔 끈을 풀었다. 소녀 신들은 곧바로 땅에서 붕 떠오르면서 평소 걸음보다 열 배 이상 빠르게 움직이기 시작했다. 아테나는 에코가 자신들의 속도에 맞추기 버거워하는 걸 알아차리고서 뒤로 쌩 날아가더니 에코에게 손을 내밀었다.

"내 손을 꽉 잡아."

아테나의 손을 잡은 순간, 에코의 몸이 위로 확 끌려 올라갔다. 불멸의 존재만큼 빠른 속력을 내기 시작한 것이다.

"어디부터 가면 좋을까?"

에코가 네 소녀 신과 함께 허공을 박차고 오르며 물었다.

"저 앞에 초원이 있어."

아르테미스가 대답했다.

"초원에는 보통 레이모니아데스들이 살거든. 가 볼래?"

에코는 심호흡하며 용기를 냈다.

"응, 가 볼래."

"좋아! 그럼 출발!"

아르테미스가 우렁차게 소리치더니 앞장서서 친구들을 이끌었다.

하트 모양을 이룬 초원에는 보랏빛 라벤더며 노란색, 분홍색, 흰색 들꽃이 가득했고, 가장자리를 따라 높다란 언덕들이 구불구불 이어지고 있었다. 잠시 후 에코와 네 소녀 신은 평화로운 초원에 내려섰다.

아프로디테가 주위를 살피며 물었다.

"님프들은 어디 있어?"

"곧 만나게 될 거야."

아르테미스는 부드럽게 휘파람을 "휘휘." 하고 불었다. 그러자 지금까지 보이지 않던 님프들이 키 큰 풀 위로 갑자기 모습을 드러냈다. 레이모니아데스 님프들은 초록색 피부를 지닌 데다, 키톤에 들꽃처럼 알록달록한 점무늬가 들어서 초원의 풍경에 섞여 모습을 감출 수 있었다.

님프들이 서둘러 다가오더니 다섯 소녀에게 데이지 꽃목걸이를 걸어 주고서 가녀린 손을 내밀었다.

"우리랑 같이 춤추자!"

님프 중 한 명이 다섯 소녀 주위를 빙글빙글 돌며 자꾸 부추겼다.

"그래! 춤추자!"

또 다른 님프가 노래하며 빙그르르 돌자 나머지 님프들은 재주넘기를 하며 아이들에게 초원 깊숙이 들어가자고 권했다.

"난 따라가 볼래!"

아르테미스가 소리치며 님프들의 뒤를 따랐다. 아프로디테,

아테나, 페르세포네는 님프들에게 둘러싸인 채 깔깔 웃으며 초원을 가로질렀다.

에코는 잠시 고민하다가 앞으로 달려가며 외쳤다.

"같이 가!"

에코의 목소리가 초원을 둘러싼 언덕에 부딪히더니 에코에게 다시 되돌아왔다.

"가, 가, 가, 가!"

"빨리, 더 빨리! 다 함께 춤추자!"

님프들이 아이들을 끌어당기며 재촉했다.

에코와 네 소녀 신은 어느새 춤을 추기 시작했다. 그런데 시간이 흐르면서 점점 지쳐갔지만 춤을 멈출 수가 없었다. 마법 시냇물이 풀밭 어딘가를 가로지르며 졸졸 음악 소리를 연주하면 그에 맞춰 다섯 소녀와 님프들은 빙글빙글 돌고, 깡충깡충 뛰며 끝없이 춤을 췄다.

"아, 너무 힘들어!"

견디다 못한 아프로디테가 친구들에게 외쳤다.

"그런데 멈출 수가 없어!"

아테나가 숨을 헐떡이며 대답했다.

"나도 그래!"

에코는 작은 회오리바람처럼 뱅글뱅글 돌면서 소리쳤다.
"멈춰지질 않아!"
페르세포네가 헐떡이며 말했다.
"혹시 이 꽃목걸이 때문에 계속 춤추게 되는 걸까?"
아르테미스가 목걸이를 벗어서 휙 내팽개치며 소리쳤다.
"어서 벗어 버려!"

나머지 네 소녀도 서둘러 목걸이를 떼어 냈다. 그러자 드디어 춤을 멈출 수 있었다. 하지만 레이모니아데스 님프들은 여전히 아이들의 손을 잡아끌었다. 이대로 새 친구를 잃고 싶지 않은 모양이었다. 그러나 지칠 대로 지친 다섯 소녀가 고개를 가로저으며 버티자 님프들은 아이들을 내버려 둔 채 자기들끼리 계속 춤추며 초원을 가로질러 갔다.

마침내 님프들이 사라지자 에코와 네 소녀 신은 풀밭에 털썩 주저앉아 숨을 헉헉대며 서로를 멍하게 쳐다보기만 했다.

한참 뒤 겨우 숨을 고른 에코가 말을 꺼냈다.
"휴, 재미있긴 했는데 나랑은 안 맞는 거 같아."
"그렇지?"
아테나가 깔깔 웃으며 대답했다.
"이유는 말하지 않아도 알 것 같아."

아테나가 꽃밭에 벌러덩 드러누웠다. 나머지 아이들도 대자로 누워 숨을 고르며 휴식을 취했다.

몇 분 뒤 모두 기운을 되찾자 페르세포네가 물었다.

"이제 어디로 가지?"

아프로디테가 허공을 바라보며 곰곰이 생각하더니 불쑥 말을 꺼냈다.

"아, 그래! 저기 구름 보여? 에코, 네펠라이 님프가 되는 건 어때?"

네펠라이 님프들은 비구름 속에 살았다.

"흐으음."

에코는 대답을 피했다.

"일단 가 보자. 어찌 될지 모르는 일이잖아. 안 그래?"

아테나와 아르테미스가 양쪽에서 에코의 손을 잡더니 올림포스산을 둘러싼 구름 속으로 휙 끌고 올라갔다. 아프로디테와 페르세포네도 서둘러 뒤따라왔다.

다섯 소녀는 곧 희미하게 빛나는 하얀 피부와 갓 딴 목화솜 같은 머리카락을 지닌 님프 열두어 명과 마주쳤다. 네펠라이 님프들은 구름 사이를 재주넘기로 건너다니거나 구름 속에서 숨바꼭질 놀이를 하며 끊임없이 깔깔 웃어 댔다.

한 님프가 인사를 건넸다. 네펠라이 님프들이 말을 하면 입에서 하얀 입김이 솟아올랐다.

"워마고-보슬보슬!"

아르테미스가 대답하더니 친구들에게 설명했다.

"네펠라이 님프들은 농담을 주고받을 때 빼고는 '보슬어'로 이야기해. 우리가 하는 말을 거꾸로 하고 끝에 비 내리는 소리 '보슬보슬' 붙이면 돼."

머리 좋은 아테나가 가장 먼저 알아듣고서 대답했다.

"어, 했, 해, 이-보슬보슬."

아테나가 자기네 말을 하는 걸 들더니 네펠라이 님프들이 숨넘어가게 웃어 댔다. 심지어 너무 웃어 댄 나머지 딸꾹질을 하는 님프도 있었다.

그 모습을 보고서 에코가 아르테미스에게 나직이 물었다.

"쟤네는 맨날 저렇게 웃고 있어?"

아르테미스가 고개를 끄덕였다.

"저렇게 늘 마음이 가볍고 명랑하니까 구름 속에 떠 있을 수 있는 거지."

웃음은 전염성이 강해서 이내 다섯 손님도 깔깔 웃기 시작했다. 네펠라이 님프들은 보슬어로 말하지 않을 때는 끊임없이 농담을 떠들어 댔다.

"네펠라이 님프가 가장 좋아하는 알파벳은?"

한 님프가 수수께끼를 내더니 배를 잡고 웃으며 자기가 직접 대답했다.

"비(B)!"

곧바로 다른 님프가 농담을 받았다.

"바늘 가는 데 실 가고, 구름 가는 데는 뭐가 간다?"

"네펠라이 님프!"

"아무리 노력해도 잡을 수 없는 개는?"

"무지개!"

다섯 손님은 꼬리에 꼬리를 물고 이어지는 실없는 농담에 계속 웃음을 터뜨렸다. 그러다 보니 문득 에코도 자기도 모르게 네펠라이 님프들을 흉내 내며 농담을 던지고 있었다.

"네펠라이 님프가 앉았던 자리에 끼는 구름은? 정답, 뭉게 구름!"

 에코뿐만 아니라 네 소녀 신도 농담 바이러스에 전염된 모양이었다.

 "높은 데서 떨어지는데 맞아도 안 아픈 건?"

 페르세포네가 방실방실 웃으며 혼자 묻고 혼자 대답했다.

 "빗방울."

 함께 웃으며 농담을 주고받고, 구름 사이를 공중제비를 돌며 건너다니니 정말 재미있었다. 그런데 한참 지켜보니 네펠라이 님프는 매일매일 그렇게 놀기만 하면서 지내는 모양이었다.

 에코는 속으로 중얼거렸다.

 '여긴 공부 자체가 없나 보네. 그래서 마음 편히 구름 속을 가볍게 날아다닐 수 있는 건가…….'

 잠시 후 아프로디테가 친구들에게 눈짓을 보냈다. 네펠라이 님프 곁에서 멀찍이 떨어진 쪽으로 가자는 것 같았다. 목소리가 들리지 않을 만큼 멀어지자 아프로디테가 농담을 던졌다.

 "구름 속에서 놀다 지친 소녀 신이 어떤 반응을 보였게? 눈물비를 펑펑 쏟았지. 여길 뜨고 싶어서."

 곧장 에코가 맞장구를 쳤다.

 "그래. 구름 잡는 일은 충분히 한 것 같으니 우리 이제 구름 같이 사라지자."

아이들은 한바탕 웃고 나서 네펠라이 님프들에게 작별 인사를 건네고 구름 세상을 떠났다.

목적지 없이 날아가던 중 페르세포네가 말을 꺼냈다.

"그러고 보니 생각나는 곳이 있긴 한데……. 얘들아, 이참에 람파데스들을 만나 보면 어떨까?"

그러자 아테나가 페르세포네에게 되물었다.

"람파데스라면 지하 세계에 사는 님프들 말이야?"

듣고 있던 에코는 놀란 표정을 감추지 못했다.

"지하 세계? 어, 난 거기는 아닌 것 같아. '타르타로스'라고 아주 끔찍한 곳이 거기 있다던데?"

페르세포네가 다정하게 설명했다.

"지하 세계라고 하면 다들 타르타로스부터 떠올리더라. 그런데 지하 세계에도 좋은 곳이 많아. 내가 하데스에게 부탁하면 엘리시온 언덕에 가 볼 수 있을 거야. 정말 멋지고 아름다운 곳이거든. 땅 밑에서 가장 행복한 동네랄까? 어떤 곳인지 가 보고 싶지 않니?"

"글쎄……."

에코는 페르세포네의 기분을 상하게 하고 싶지 않아서 대답할 말을 고르느라 진땀을 흘렸다. 그때 아르테미스가 나섰다.

"나도 에코랑 같은 생각이야. 지하 세계는 떠올리기만 해도 숨 막힐 듯이 덥고 우울해져."

"그럼 열기를 식히러 가자. 시원한 강물에서 수영, 어때?"

아프로디테의 제안에 친구들의 얼굴이 환해졌다. 그러자 페르세포네가 빙그레 웃으며 말했다.

"아유, 알았어. 지하 세계는 취소!"

다섯 소녀는 높이를 낮추어 날며 발아래로 스쳐 지나가는 풍경을 살폈다. 10분 정도 지났을 때 바위 골짜기 하나가 눈에 띄었다. 가파른 비탈에는 알록달록한 들꽃과 키 작은 나무가 자라고, 골짜기 사이로 파란 강물이 보석처럼 반짝이는 빛을 뿌리며 흐르고 있었다.

다섯 소녀가 가까이 다가가자 강 속에서 나이아데스 님프들이 까르르 웃으며 솟구쳐 나오더니 물결을 따라 한들한들 떠다녔다. 같은 나이아데스인데도 이 님프들은 시링크스와 달리 꽤 상냥해 보였다.

"얘들아, 들어와!"

님프들이 에코와 소녀 신들에게 손짓했다.

"강물이 정말 시원해!"

친구들이 당장이라도 강물에 뛰어들려고 하자 아프로디테가 얼른 나섰다.

"잠깐만. 강에 들어갔다가 나와도 물에 젖지 않도록 내가 마법을 걸어 줄게. 나중에 학교에 돌아갈 때 젖은 행주처럼 보이고 싶진 않지?"

곧바로 아프로디테는 주문을 외우기 시작했다.

들어가나 나오나
젖으나 마르나
물놀이는 신나게!
외모는 보송하게!

"이야호! 자, 물살에 몸을 맡겨 볼까나!"

아르테미스가 흥에 겨워 소리치더니 강물로 다이빙했다.

풍덩!

에코와 나머지 세 소녀 신도 질세라 강 속으로 신나게 뛰어들었다.

풍덩! 풍덩! 풍덩! 풍덩!

에코와 소녀 신들은 님프들을 따라 "쏴." 하고 흐르는 강물에

느긋하게 몸을 맡겼다. 강물은 아이들을 데리고서 둥그런 다리 밑을 지나고, 수정처럼 맑은 폭포 곁으로 흘러갔다. 아이들은 나무가 빽빽이 자란 산골짜기를 지나면서 깎아지른 절벽 위에 세워진 고대의 신전을 구경했다.

다섯 소녀와 님프들은 하나가 되어 헤엄치고, 서로에게 물을 끼얹으며 놀았다. 이따금 몇몇 아이들은 높은 바위 위로 올라가 다시 강물 속으로 뛰어들며 다이빙을 즐기기도 했다. 에코는 자유형도 해 보고, 배영도 해 보고, 두 영법을 번갈아 하며 빙글빙글 돌기도 해 보았다. 활기찬 물살에 모든 걱정이 씻겨 나가는 듯했다. 물살이 자신을 어디로 데리고 가는지 따져 묻지 않고, 가만히 물 위에 떠서 간닥간닥 몸이 흔들리는 느낌을 즐기고 있으니 저절로 행복해졌다.

'이래서 다프네가 강을 그리워하는구나!'

그런데 갑자기 차분하고 태평하던 님프들이 왁자하게 떠들기 시작했다.

"야호!"

"아싸!"

"급류다! 물속으로 빨려 들어가지 않도록 조심해!"

아르테미스가 상황을 살피더니 다급히 소리쳤다.

"오 신이시여! 애들아, 강에서 빠져나가야 해! 이대로 급물살에 휘말리면 폭포 밑으로 떨어지고 말 거야!"

하지만 이미 에코는 거센 물살에 휘말려 있었다. 이대로 폭포 아래로 곤두박질치는 건가 생각한 순간, 아르테미스가 에코의 손을 겨우 붙잡았다. 둘은 아프로디테, 페르세포네, 아테나와 함께 물 밖을 향해 정신없이 헤엄쳤다.

'휴! 하마터면 큰일 날 뻔했네.'

허겁지겁 강둑으로 기어올랐을 때도 아프로디테의 마법 주문 덕분에 아이들의 몸과 옷은 보송했다.

곧장 하늘로 날아오른 다섯 소녀는 나이아데스 님프들과 손을 흔들며 작별 인사를 나눈 뒤, 님프들이 한 명씩 폭포 아래로 다이빙하는 모습을 지켜보았다. 깎아지른 절벽에서 뛰어내렸는데도 님프들은 흠 하나 없는 모습으로 강물을 박차고 올라와 다시 즐겁게 헤엄치며 강을 따라 내려갔다.

"와! 나이아데스 님프들은 두려움을 모르는 것 같아!"

에코는 감탄을 터뜨렸다.

"강에 들어가니까 처음에는 재미있었는데, 난 아무래도 숲에 더 익숙한가 봐. 숲에서는 모든 일이 천천히 일어나거든."

말을 하고 보니 에코는 슬며시 걱정이 들었다.

'혹시 도움을 줘도 고마워할 줄 모르는 아이로 보이려나?'

에코는 서둘러 한마디 덧붙였다.

"그렇다고 생활 습관을 못 바꾸겠다는 건 아니야. 필요하면 바꿔야지."

이제 아이들은 올림포스 학교 방향으로 날기 시작했다.

아프로디테가 에코에게 다정하게 말을 걸어왔다.

"에코, 네가 바라지 않는 생활 방식에 억지로 맞춰 살 필요 없어."

아르테미스도 고개를 끄덕이며 충고했다.

"그래. 제우스 교장 선생님이 두 번 규칙을 바꿀 일은 없을 거야. 일단 결정을 내리고 나면 돌이킬 수 없다는 뜻이지. 그러니 잘 생각해야 해."

페르세포네 옆에서 날고 있던 아테나가 앞으로 나가더니 뒤돌아서서 에코를 마주 보며 말했다.

"너와 꼭 맞는 지역을 골라야 해. 반드시."

페르세포네도 에코 쪽으로 고개를 돌리더니 물었다.

"생각할 거리가 너무 많지?"

"응. 내가 잘 선택할 수 있도록 이렇게 직접 나서 줘서 정말 고마워."

에코는 고마운 마음을 드러내려 방긋 웃어 보였다. 그러나 마음속에는 걱정이 한가득이었다.

 '세 군데 다 즐거운 곳이지만, 그중에 내가 살고 싶은 곳은 없었어. 하지만 내가 깃들 나무가 없으니 계속 숲의 님프로 살아갈 수도 없잖아. 이제 어떻게 하면 좋지?'

8 나르키소스의 은밀한 계획

"우리 아빠랑 이야기 나눌 준비 됐어?"

잠시 후 올림포스 학교 교정에 내려서면서 아테나가 에코에게 물었다. 이제 아테나, 아프로디테, 아르테미스만이 에코 곁을 지키고 있었다. 페르세포네는 엄마와 함께 살기 때문에 친구들과 헤어진 뒤 집으로 향했다.

네 아이는 청동 출입문을 열고 본관으로 들어섰다. 에코는 날개 샌들을 벗으며 대답했다.

"아니, 아직. 좀 더 생각해 봐야겠어."

아르테미스가 그럴 만하다는 듯 고개를 끄덕이며 말했다.

"내일 아침까지 곰곰이 생각해 봐. 원하면 내 방에서 같이 지내도 돼. 난 룸메이트가 없어서 침대가 남거든."

아르테미스는 얼른 말을 덧붙였다.

"아, 혹시 다음 주에 다른 지역 님프를 만나 보겠다면 안내해 줄게."

"고마워. 생각해 볼게."

에코는 아르테미스의 마음 씀씀이가 정말로 고마웠다. 당장 머물 장소가 있고, 미래에 대한 약간의 희망을 품을 수 있다는 사실만으로도 큰 위로가 됐다.

아프로디테가 에코의 기운을 북돋워 주려는 듯 밝게 말했다.

"뭘 좀 먹으면서 생각하면 어떨까? 다 함께 학생 식당으로 가서 저녁 먹자. 어때?"

아테나가 엄지를 척 들었다.

"좋은 생각이야. 춤추고, 구름 속을 빙글빙글 굴러다니고, 헤엄까지 쳤더니 배가 너무 고파!"

네 아이는 곧 식당으로 가서 식판을 들고 배식 줄에 섰다. 팔이 여덟 개인 식당 아주머니가 암브로시아 샐러드와 넥타르로니를 나눠 주었다. 네 소녀 신은 늘 앉는 자리로 에코를 데리고 갔다.

옆 탁자에 메두사, 판도라, 파마 그리고 에코가 모르는 소녀

한 명이 함께 앉아 있었다. 에코는 메두사가 콩이나 작은 당근 조각을 머리 위로 휙휙 던지는 광경을 신기하게 쳐다보았다.

'어머, 머리 위의 뱀들이 채소를 받아먹네!'

에코는 함께 앉은 소녀 신들을 따라 넥타르를 한 입 마셨다.

'이걸 마시면 나도 불멸의 존재처럼 몸이 반짝반짝 빛날까?'

결과는 꽝이었다. 에코는 옆 테이블을 살며시 쳐다보았다. 인간인 판도라, 메두사 역시 넥타르를 마셔도 아무 효과가 없는 듯했다.

에코는 식당 안을 쭉 훑어보았다. 불멸 쇼핑센터에서 돌아온 아폴론이 나르키소스, 테이레시아스를 데리고 학교 친구들과 함께 어울리고 있었다. 에코는 그중에서 아레스, 포세이돈, 하데스, 헤라클레스를 알아보았다.

'우아! 이렇게 유명한 영웅과 신 들에게 둘러싸여 있다니! 다프네와 판도 함께라면 얼마나 좋을까?'

아폴론과 남자아이들은 이미 식사를 마친 뒤 탁자 두 개를 붙이고서 게임을 하고 있었다. 각자의 식판을 모두 모아 탑을 쌓은 다음, 그 식판 탑을 들고서 누가 가장 오랫동안 탁자 주위를 도는지 겨루는 게임이었다. 주변 아이들도 흥미진진하게 지켜보고 있었다.

게임의 최종 승리자는 나르키소스였다. 근처에 앉은 여자아이들이 까르르 웃음을 터뜨렸다.

에코는 그 반응을 보며 생각했다.

'좋아하는 게 당연하지. 나르키소스는 환상적인 미남인데 운동 신경도 뛰어나다는 걸 몸소 보여 주고 있잖아!'

나르키소스가 다섯 바퀴를 도는 데 성공하자 여자아이들이 박수를 보냈다. 그랬더니 나르키소스는 아예 식판 탑을 한 손으로 들어 보였다. 나르키소스의 눈길이 자신을 향하자 에코는 얼른 고개를 돌렸다. 넋 놓고 쳐다보고 있었던 게 창피했다.

그런 에코의 모습을 보고 있던 아프로디테가 알겠다는 듯이 씩 웃었다.

"흠, 나르키소스랑 특별한 친구 사이니?"

아테나가 대번에 놀려 댔다.

"에코, 조심해. 아프로디테는 사랑의 여신이잖아. 일단 엮고 본다니까."

에코는 두 볼이 가을 낙엽만큼 빨개지는 걸 느끼고서 얼른 음료수를 마시며 딴청을 피웠다.

"전혀. 우리는 사귀거나 그런 사이 아니야. 아르테미스한테 말했다시피 나도 나르키소스를 너희들과 만나기 직전에 처음 만났는걸. 게다가 보다시피 재한테 팬은 이미 넘쳐나잖아."

옆자리에서 깔깔대던 여자애들은 어느새 자리를 옮겨 앉아 나르키소스와 이야기를 나누고 있었다.

아프로디테는 상냥하게 대답했다.

"그저 도와주려는 것뿐이야. 난 친구들이 행복해지도록 돕는 일이 즐겁거든."

그러자 에코가 눈을 반짝이며 물었다.

"네가 보기엔 나르키소스랑 나랑 잘 어울릴 것 같니?"

"아마도. 그런데 아직은 확실히 모르……."

"에코, 내내 안 보이더라. 어디 갔었던 거야?"

누군가가 아프로디테의 말을 자르고 대화에 끼어들었다. 고개를 돌려 보니 나르키소스가 뒤에 서 있었다.

갑작스러운 나르키소스의 등장에 에코가 당황해서 대답을 제대로 못 하자, 옆에 있던 소녀 신들이 여기저기 그냥 돌아다녔다며 버벅대고 있는 에코 대신 대답해 주었다. 그러더니 아프로디테가 식판을 들고 일어서며 아르테미스와 아테나에게 눈짓을 했다.

"애들아, 이제 가야지. 우린, 음, 할 일이 있잖아."

"할 일? 무슨 일? 나 아직 밥 다 안 먹었어."

아르테미스는 아프로디테의 신호를 전혀 알아차리지 못한 듯했다. 보다 못한 아테나가 팔꿈치로 아르테미스를 쿡 찔렀다.

"어서 가자. 배고프면 이따가 간식 먹으면 되잖아. 바야흐로 금요일 저녁 아니니? 어, 슈퍼파워 슈퍼마켓에 가기로 했잖아. 기억 안 나?"

"응, 기억 안 나. 어쨌든 갈게."

마지못해 일어난 아르테미스가 에코를 쳐다보며 물었다.

"에코 너도 갈 거지?"

아프로디테가 얼른 끼어들었다.

"나중에 기숙사에서 만나."

세 소녀 신이 식판을 들고 퇴식구로 가자 에코와 나르키소스만 남았다.

에코는 심장이 콩닥콩닥 뛰기 시작했다.

'우리 둘이서만 이야기하게 해 주려고 일부러 자리를 뜬 거 같은데? 아프로디테는 나르키소스가 날 좋아할 수도 있다고 생각하는 건가? 나르키소스는 지금까지 내가 여기 있는 줄도 모르는 것 같았는데. 그래도 팬들 곁을 떠나 내 옆으로 왔잖아.'

"이제 저 소녀 신들과 친구가 된 거야?"

나르키소스가 식당을 나서는 세 소녀 신을 고갯짓으로 가리키며 물었다.

"이 학교에서 가장 유명한 애들이잖아. 좋은 전략이야."

"전략이라니?"

에코는 식판을 들고 일어서며 되물었다.

'얘는 내가 일부러 아프로디테, 아테나, 아르테미스한테 접근한 것처럼 말하네? 전혀 그런 거 아닌데. 굳이 따지자면 저 애들이 먼저 다가와서 내게 친구가 되어 줬지.'

에코는 살짝 가시 돋친 목소리로 대답했다.

"내가 어려움을 겪고 있어서 도와준 것뿐이야. 제우스 님께서 나한테……."

"대박, 제우스 님을 만났다고? 진짜 신들의 제왕 제우스 님을 만났단 말이야?"

나르키소스는 감탄해 마지않았다.

"제우스 님께 내 얘기 했어?"

에코는 예상치 못한 질문에 당황했다.

"어, 아니. 네 얘기까지는 못 했는데."

에코의 대답을 듣더니 나르키소스는 햇빛과 물을 얻지 못한 꽃처럼 풀이 죽었다. 나르키소스가 식판을 들고 퇴식구로 향하는 에코를 따라왔다. 에코는 나름대로 상황을 설명하려 했다.

"네 얘기 못 해서 미안해. 난 헤라 님 가게에 있었고, 헤라 님도 거기 계시는 바람에……."

"헤라 님도 만났다고?"

나르키소스는 정말로 놀라는 눈치였다.

"잘됐다! 그런 역대급 커플과 친하게 지내면 우리한테 이득이지."

"우리라고?"

에코는 놀라서 눈을 동그랗게 떴다.

'게다가 이득은 또 무슨 소리래? 난 그분들이랑 친한 사이가 아닌데. 네 표현대로라면 '역대급 커플'과 딱 한 번 마주쳤을 뿐이지.'

나르키소스는 가지런한 이를 드러내며 에코를 향해 활짝 웃었다.

"그래. 너랑 나, 우린 한 팀이잖아. 내가 패션 디자이너로 믿고 의지하는 님프는 오직 너뿐이야."

에코는 기쁜 마음에 따라 활짝 웃었다.

'날 그렇게까지 귀하게 여기는 줄 몰랐어!'

그때 테이레시아스가 나르키소스 옆으로 슬쩍 다가왔다.

"날 잊지 마. 네 팀에는 스타일리스트가 필요해."

목소리를 들어 보니 테이레시아스는 소외감을 느낀 건지 조금 삐진 듯했다. 그러나 나르키소스는 건성으로 고개를 끄덕일 뿐이었다. 에코는 테이레시아스의 기운을 북돋워 주려고 방긋 웃으며 말했다.

"그럼. 우리는 삼인조잖아."

나르키소스가 혼자 생각에 잠긴 채 중얼거렸다.

"아, 화가를 데려올 수 있었다면 얼마나 좋았을까? 지금까지 만난 불멸의 존재와 함께 포즈를 취하면 멋진 그림이 나왔을 텐데. 아깝네, 아까워."

"앞으로 기회가 또 있겠지."

에코는 퇴식구에 식판을 올려놓으며 다정하게 위로했다.

'모델 경력과 관련된 일이라면 나르키소스는 물불을 가리지 않는구나. 나르키소스의 머릿속에는 온통 모델 일밖에 없나 봐. 뭐, 집중력과 확고한 의지는 장점이 될 수 있잖아.'

에코의 위로 때문인지 나르키소스는 한층 활기찬 목소리로 말을 이었다.

"응. 내일 불멸 쇼핑센터 건이 바로 그렇지. 우리한테 아주 큰 기회야."

에코는 무슨 소리인지 모르겠다는 얼굴로 두 소년을 번갈아

보며 물었다.

"큰 기회라니? 무슨 기회?"

에코가 식당 밖으로 걸음을 옮기자 두 소년이 뒤따랐다. 이윽고 테이레시아스가 대답했다.

"퍼레이드 얘기하는 거야."

그러자 나르키소스가 눈을 반짝이며 덧붙였다.

"인생에 한 번 올까 말까 한 기회지. 실은 내일 퍼레이드 때 내가 플로트 카에 오르게 됐거든. 그것도 맨 끝에 등장하는 가장 크고, 가장 중요한 플로트 카에 말이야!"

"정말? 어떻게……."

"대박이지!"

에코는 나르키소스가 어떻게 초대를 받았는지 물으려 했지만, 나르키소스가 먼저 말을 자르더니 과장된 몸짓으로 팔을 쫙 펼치며 덧붙였다.

"그때 네가 내 곁에 있어 줬으면 해."

"응? 정말?"

에코는 자기 귀를 의심했다.

"그래! 불멸 쇼핑센터 퍼레이드는 이번 시즌 최고의 행사가 될 거야!"

기쁨에 찬 나르키소스의 얼굴에서는 실제로 빛이 뿜어져 나오는 것만 같았다.

"구경꾼들의 관심이 마지막 플로트 카에 쏟아질 거야. 제우스 님이 유모들과 함께 거기 타신다고 하더라고."

"어머, 정말 늘 푸르다!"

에코는 나르키소스, 테이레시아스와 함께 본관 출입문을 향해 걸으며 생각했다.

'나르키소스의 열정이 내게 옮았나 봐. 나도 모르게 소리를 질렀네. 헤헤.'

테이레시아스가 이야기를 이어 갔다.

"내일 퍼레이드가 시작되기 전에 불멸 쇼핑센터에 취재 나온 기자들을 만나서 너희들이 제우스의 특별 퍼레이드 손님으로 초대받았다고 미리 알려 둘 작정이야. 최소한 화가 열 명 이상이 너희들 모습을 그려서 〈십 대들의 두루마리〉, 〈주간 그리스 뉴스〉 등 모든 잡지와 신문에 실리도록 해야지."

테이레시아스는 언론의 중요성을 강조하려는 듯 손가락으로 구도를 잡아 보는 화가 흉내까지 냈다.

이야기를 듣고 있던 에코는 고개를 갸웃하며 나르키소스에게 물었다.

"이해가 안 되는 게 있는데, 왜 우리가 제우스 님의 플로트카에 초대를 받은 거야?"

나르키소스는 이보다 더 확실한 이유가 있겠느냐는 듯 확신에 찬 목소리로 말했다.

"그야 네가 님프니까 그렇지! 제우스 님의 유모 두 분도 님프잖아. 넌 잘 어울릴 거야."

나르키소스는 꿈꾸는 듯한 표정으로 말을 이었다.

"상상해 봐! 내일 퍼레이드가 끝나면 패션 디자이너 모다 님은 온갖 뉴스에서 내 모습을 보고 날 알게 되겠지? 그럼 당연히 날 모델로 쓰고 싶어 할 거야."

나르키소스는 에코를 곁눈질하며 덧붙였다.

"아, 물론 모다 님께 네 얘기도 할 거야. 그럼 너도 패션 세계에 발을 들일 수 있겠지."

"어머, 그래 줄래?"

에코는 가슴이 뛰었다.

'나르키소스가 정말로 날 좋아하나 봐. 자기 미래만큼 내 미래도 챙기잖아.'

에코는 테이레시아스를 고갯짓으로 가리키며 물었다.

"모다 님께 스타일리스트 얘기도 할 거지?"

"당연하지!"

나르키소스는 청동 출입문 앞에서 걸음을 멈추더니 에코를 쳐다보았다.

"문제는, 이 모든 가능성이 실현되려면 제대로 된 의상이 필요하다는 거야."

나르키소스는 에코의 표정을 살피며 말을 이었다.

"퍼레이드에서 모두의 주목을 끌 만한 의상이 필요해. 보기만 해도 반짝반짝 눈이 부신 그런 의상 말이야."

"의상은 내가 만들 수 있어! 얼른 집에 가서……."

잔뜩 흥분해서 떠들던 에코의 목소리가 힘을 잃었다.

'숲에 돌아가면 친구들이 어떤 반응을 보일까? 내가 떠나서 내심 기뻐하고 있는 건 아닐까? 깃들 나무가 없어진 님프를 어떻게 하면 좋을지 골치 아프던 참에 잘됐다고 여기는 건 아닐까? 과연 고향으로 돌아가서 진실을 마주할 수 있을까? 아니. 솔직히 지금은 자신 없어. 하지만 완소나무가 너무 그리워. 다프네와 판도 보고 싶고.'

에코는 가슴을 파고드는 슬픈 생각을 떨쳐 내려 고개를 흔들었다. 그러고는 지금은 오직 나르키소스의 퍼레이드 의상만 생각하기로 마음먹었다.

"올림포스 학교 안을 돌아다니면서 의상 만들 재료를 구할 수 있는지 살펴볼게. 어쩌면 소녀 신들에게 도움을……."

"그럴 시간 없어."

나르키소스가 에코의 말을 자르더니 공용 바구니에서 날개 샌들 한 켤레를 집어서 에코에게 내밀었다.

"헤라 님의 가게에서 적당한 의상을 빌려 와."

"내가? 빌려 오라고?"

에코는 당황해서 나르키소스의 말만 되풀이했다.

'남의 가게에서 빌린 견본용 옷으로 어떻게 패션 디자이너로서 주목을 받을 수 있겠어?'

하지만 나르키소스의 말이 일리는 있었다. 재료를 모으고, 디자인을 정해서 하나하나 만들기에는 시간이 부족했다.

'휴, 선택의 여지가 없네.'

에코는 내키지 않는 마음으로 대답했다.

"알았어. 가서 여쭤볼게. 어차피 우리도 퍼레이드에 참가해야 하니까 기꺼이 도와주실 거야."

그러자 나르키소스가 다급하게 말했다.

"아냐. 여쭤보지 마."

테이레시아스가 거들고 나섰다.

"헤라 님도 깜짝 놀라게 해 드려야지. 메인 플로트 카에서 헤라 님 가게의 의상을 선보이면 가게 이름을 알리는 데 크게 도움이 되지 않겠어? 그럼 헤라 님도 아주 좋아하실 거야!"

두 소년은 에코를 위해 출입문을 열어 주었다. 하지만 에코는 마음의 갈피를 잡을 수가 없었다.

"헤라 님 가게를 홍보하는 플로트 카가 이미 있지 않을까?"

"듣자 하니 헤라 님도 그렇고 직원들까지 모두 월요일에 있을 결혼식 준비를 하느라 눈코 뜰 새 없이 바빠서 플로트 카를 마련하지 못했대. 헤라 님 가게만 퍼레이드에서 빠지는 걸 너도 바라지 않지?"

나르키소스가 진지한 얼굴로 덧붙였다.

"넌 그분께 좋은 일을 해 드리는 거야!"

"글쎄. 그렇게 보면 그럴 수도……."

에코가 머뭇거리자 나르키소스가 활짝 웃으며 말했다.

"넌 그냥 헤라 님 가게에서 가장 멋진 옷을 골라 오기만 해. 행사가 끝난 뒤에 다시 가져다 드리면 되잖아. 어려울 거 하나도 없어."

그 와중에 티레이시아스가 한마디 더했다.

"아, 나르키소스의 눈동자 색이랑 피부색에 어울리는 거로 골라 와야 해!"

에코는 떨떠름하게 대답했다.

"알았어. 영업시간 끝나기 전에 불멸 쇼핑센터에 도착하려면 바로 출발해야겠네. 얘들아, 서두르자."

에코는 몸의 중심을 잡기 위해 한 손을 벽에 짚고, 날개 샌들을 덧신었다. 자신의 능력도 강력하지 않은데 인간을 둘이나 데리고 거기까지 가려면 아무래도 무리일 것 같았다. 그 이야기를 꺼내려는데, 나르키소스가 입을 열었다.

"우리는 여기 있을게. 네가 알아서 잘하리라고 믿어. 우린 오늘 저녁에 일정이 있어서 말이야. 미모학 수업을 듣는 애들이 중요한 행사에 앞서 내가 최고로 멋지게 보일 수 있도록 피부 마사지랑 머리 손질을 해 주겠다고 했거든. 대신 그 애들은 추가 과제 점수를 받을 수 있대."

테이레시아스가 냉큼 잔소리를 퍼부었다.

"머리랑 피부 손질받으면서 절대로 거울에 비친 모습을 보면 안 돼!"

"어휴. 알았어, 알았다고."

나르키소스는 눈을 빙글 굴리며 본관 안으로 들어가려다 다시 고개를 돌리고서 에코에게 소리쳤다.

"우리는 오늘 남학생 기숙사에 있을 거야. '그걸' 가지고 돌아오면 바로 5층으로 올라와서 남학생 기숙사 출입문을 두드려. 듣는 대로 내가 바로 나갈게. 명심해. 이건 깜짝 쇼야. 아무한테도 말하면 안 돼."

그렇게 두 소년은 문을 닫고서 본관으로 들어가고, 에코는 혼자서 불멸 쇼핑센터로 길을 떠났다. 두어 시간 있으면 아무래도 해가 질 듯했다.

'어두워지기 전에 돌아오려면 옷만 두어 벌 빌리고 바로 출발해야겠어.'

그러나 안타깝게도 에코가 모르는 사실이 하나 있었다. 다음 날 큰 행사를 앞두고 불멸 쇼핑센터는 평소보다 문을 빨리 닫을 예정이었다.

에코가 헤라의 해피엔드에 도착했을 땐 헤라는 이미 떠난 뒤였고, 직원들은 퇴근 준비를 하고 있었다. 에코는 직원들에게 퍼레이드에서 가게 홍보용으로 쓸 의상 두 벌만 빌려 달라고 부탁하고 싶었다. 그러나 절대 아무한테도 말하지 말라던 나르키소스의 신신당부가 떠올라 말을 꺼낼 수가 없었다.

'아무래도 말하지 않는 게 낫겠어. 직원들이 혹시 헤라 님께 계획을 알리면 깜짝 쇼는 물거품이 되는 거잖아. 게다가 내가 마감 시간에 가게에 들어오니까 인상을 살짝 찌푸렸어. 피곤하고 짜증 나나 봐. 하긴, 월요일 결혼식을 준비하느라 온종일 바빴겠지. 짜증 나서 내 부탁을 쉽게 거절하면 어떻게 해? 흠, 그런 위험을 무릅쓸 순 없어. 하지만 무슨 수로 직원 눈에 띄지 않고 옷을 몰래 가지고 나가지?'

때마침 손님 몇 명이 한꺼번에 가게에 들어왔다. 직원들이 손님 상대를 하느라 바쁜 틈을 타 에코는 예식용 키톤과 튜닉이 줄줄이 걸려 있는 옷걸이 앞을 서성거리며 열심히 머리를 쥐어짰다.

문득 에코의 눈에 아름다운 웨딩용 키톤 하나가 눈에 들어왔다. 섬세한 망사 레이스가 겹겹이 장식된 디자인이 눈부시도록 아름다웠다. 에코는 그 키톤을 입은 신부를 머릿속으로 그려 보았다.

'이걸 입으면 어때 보일까?'

그러나 어떤 모습도 그려지지 않았다.

'아름답기는 한데 뭔가 독특한, 오직 단 한 명의 신부를 위해 특별히 만들어진 옷이란 느낌이 없달까? 뭔가 한 방이 필요해. 나르키소스 표현을 빌리자면 보기만 해도 반짝반짝 눈이 부신, 그런 거 말이야.'

문득 에코는 옷걸이 옆 나지막한 탁자에 책자가 잔뜩 쌓여 있는 걸 발견했다. 견본용 키톤을 꾸밀 때 사용하는 아이디어 노트였다.

'아, 이제 알겠다. 이 키톤들은 이제부터 각 신부에 맞추어 마무리 작업을 하게 될 예비 드레스구나.'

그 순간, 에코의 머리에 번쩍하고 아이디어가 떠올랐다.

'여기 노트에 있는 아이디어를 흉내 내어 이 미완성 키톤을 꾸미면 어떨까? 나르키소스의 튜닉도 적당한 걸 골라서 따라 만들자. 그럼 디자이너로서 내 능력을 증명하고, 헤라 님 가게의 의상도 선보일 수 있잖아.'

에코는 스스로 정한 도전 과제 앞에 의욕이 화르르 불타올랐다. 패션을 사랑하는 에코에게 책에 나온 드레스만큼 아름다운 키톤을 만든다는 건 생각만 해도 신나는 일이었다.

하지만 "찰칵!" 하고 자물쇠 잠그는 소리가 들린 순간, 에코는 어깨를 축 늘어뜨렸다. 과제를 해낼 시간이 부족했다. 웨딩 숍 직원들이 가게 문을 닫을 준비를 하고 있었다.

'어떡하지? 나르키소스가 나만 바라보고 있는데. 그 애한테는 이번 행사가 정말 중요하다고 했어. 난 이미 완소나무를 실망시켰잖아. 나르키소스까지 실망시킬 순 없어. 날 믿고 의지

하고 있는걸.'

에코는 당황한 나머지 일단 직원의 눈을 피해 납작 쪼그리고 앉았다. 그러고는 아침에 제우스와 마주쳤던 비품실로 살그머니 숨어들었다.

직원들이 모두 퇴근한 뒤 에코는 살며시 커튼 밖으로 나왔다. 직원들이 떠난 순간, 웨딩 숍을 환히 밝히고 있던 샹들리에의 초가 모두 꺼지면서 가게 안은 어둠에 잠겼다. 그러나 다행히도 벽 쪽 야간 방범용 횃불이 곧 저절로 켜졌다.

앞을 분간할 수 있게 된 에코는 조금 전 눈여겨 둔 견본용 드레스를 챙기고, 그에 어울리는 튜닉을 골랐다. 두 옷 모두 에코와 나르키소스한테는 커서 솔기를 손봐야 할 듯했다.

에코는 가게 안쪽에서 가위, 핀, 바늘, 실, 리본, 줄자, 패턴을 그릴 종이를 찾아냈다. 물론 반짝이는 스팽글, 크리스털, 인조 보석도 잊지 않고 챙겼다.

'여긴 디자이너에게 천국 같은 곳이구나!'

에코는 패션을 향한 활활 타오르는 열정을 품고서 작업을 시작했다.

시간이 얼마나 흘렀을까? 에코는 점점 배가 고파 왔다.

"휴, 아무리 패션 디자이너라도 새 옷을 만든다는 열정만으로 배가 저절로 부르진 않나 보네."

에코는 기운을 내기 위해 뭐든 요기를 하기로 마음먹었다.

'아까 비품실에 숨어들었을 때 새로 배달 온 컵케이크를 본 것 같은데.'

그러나 안타깝게도 비품실의 컵케이크며, 가게 안에 진열되어 있던 온갖 간식거리는 자물쇠가 잠긴 유리 장식장 안에 보관되어 있었다. 혹시 열쇠가 있을까 해서 장식장 서랍을 열어 보았지만 허탕이었다.

포기하려는 순간, 장식장 위 선반에 놓인 둥그런 유리 뚜껑을 씌운 접시가 에코의 눈에 들어왔다. 확인해 보니 안에 노란색 컵케이크가 하나 들어 있었다. 헤라가 그 컵케이크는 깜박하고 놓친 모양이었다. 참으로 다행이었다.

에코는 접시에 손을 뻗으며 생각했다.

'제우스 님이 왜 컵케이크라면 사족을 못 쓰시는지 알 것도 같아.'

특히 이 컵케이크는 위에 레몬 크림이 두툼하게 올려진 모양새가 유난히 맛있어 보였다. 에코

는 컵케이크를 순식간에 해치우고서 다시 바느질을 시작했다.

다음 날 동이 트자 직원이 가게 문을 열었다. 지칠 대로 지친 에코는 직원이 등을 돌리고 선 틈에 몰래 가게에서 빠져나와 양팔에 옷 가방을 끼고 올림포스 학교로 향했다.

얼마 후 올림포스 학교에 도착한 에코는 청동 출입문을 지나자마자 곧장 4층 여학생 기숙사로 향했다. 그러고는 발소리를 내지 않으려 조심하면서 복도를 지나 아르테미스의 방으로 향했다.

방 안에 살며시 들어서자마자 블러드하운드, 비글, 그레이하운드가 에코를 향해 달려와 반갑다는 듯이 깡충깡충 뛰었다.

"쉿!"

에코는 혹시 아르테미스를 깨울까 봐 걱정이었다. 하지만 아르테미스는 이런 소란에 익숙한지 몸을 한 번 뒤척이더니 다시 잠들었다.

에코는 까치발로 살며시 걸으며 가까운 옷장 문을 열었다. 옷걸이에 하나하나 걸어서 깔끔하게 정리된 옷이 빽빽이 들어차 있었다. 하는 수 없이 에코는 반대편 옷장을 확인했다. 이번 옷장은 옷이 훨씬 적은 대신 옷걸이에 걸린 둥 만 둥 정리 상태가 엉망이었다. 둘둘 말린 채 옷장 바닥에 대충 던져 놓은 옷도 보였다.

'흠, 아르테미스의 두 옷장은 극과 극을 달리네.'

에코는 남은 공간에 퍼레이드용 의상을 잘 걸었다.

잠시 후 빈 침대에 몸을 뉘자마자 에코는 기절하듯 잠들어 버렸다.

9 대망의 퍼레이드

탕!

문 닫히는 소리에 에코는 퍼뜩 눈을 떴다. 새벽에 아르테미스의 방에 들어오자마자 잠들었지만, 밤새워 일한 탓에 피곤이 가시질 않았다.

"어머, 미안. 실수로 문을 너무 세게 닫아 버렸네."

아르테미스는 손에 쟁반을 든 채 사냥개들을 데리고 막 방으로 들어온 참이었다.

에코는 눈을 깜빡였다. 학교 안뜰 방향 창문에서 쏟아지는 환한 햇살에 눈이 부셨다. 어느새 아침이 온 모양이었다.

"어젯밤 늦게까지 나가 있었나 봐? 내가 자려고 누울 때까지 안 돌아오더라?"

아르테미스가 활기차게 말을 걸었다.

"혹시 궁금할까 봐 알려 주는데, 벌써 해가 중천에 떴어. 9시라고."

오늘도 아르테미스의 사냥개들은 꼬리를 살랑이며 방 안을 신나게 뛰어다녔다.

"9시라고?"

에코는 이불을 돌돌 감고서 자리에서 일어나 앉았다.

'네 시간 정도밖에 못 잤네.'

에코는 기지개를 켜며 늘어지게 하품했다. 그러고는 반갑다며 침대 위로 뛰어오르려는 사냥개들을 쓰다듬어 주고서 부드럽게 옆으로 밀어냈다. 그레이하운드 넥타가 장난감 하나를 물고 오더니, 비글 앰비와 장난감 양쪽 끝을 물고서 힘겨루기 놀이를 했다.

"응. 난 이 녀석들 산책도 시키고, 아침밥도 벌써 먹었어."

"벌써 먹었어?"

에코가 잠이 덜 깬 상태로 몽롱하게 중얼거렸다.

"안 그래도 네가 자다가 식사 시간 놓칠 것 같더라. 잠꾸러기 아가씨, 걱정하지 마. 내가 식당에서 암브로시아 시리얼이랑 우유를 챙겨 왔어."

아르테미스는 에코에게 쟁반을 내밀며 물었다.

"어디 갔었던 거니, 어제?"

에코는 다시 입 찢어지게 하품하며 졸음을 쫓아낸 다음, 쟁반을 받아들었다.

"어제?"

에코는 그릇에 우유를 졸졸 부으며 머리를 굴렸다.

'핑곗거리를 빨리 생각해 내야 하는데. 거짓말하긴 정말 싫지만, 아무한테도 말하지 않겠다고 나르키소스랑 약속했는걸.'

에코가 우물쭈물 대답을 미루며 시리얼만 떠먹고 있는 사이, 다행히 누군가가 방문을 두드렸다. 짧게 똑똑, 잠시 기다렸다가 좀 더 세게 똑, 똑, 똑. 보아하니 특별한 의미가 있는 듯했다.

"아프로디테의 신호야."

아르테미스가 설명하더니 큰 목소리로 외쳤다.

"들어와!"

오늘 아프로디테의 의상은 분홍색 키톤 전체에 하얀 물결무늬 주름을 층층이 겹쳐 달고, 치맛단에 반짝이 장식까지 더해서 화려하기 그지없었다. 아프로디테는 곧장 옷이 꽉꽉 채워진 옷장으로 향했다.

"얘들아, 안녕! 불쑥 나타나서 미안. 오늘 퍼레이드에 필요한 게 있는데, 내 기억에 아마 여기 둔 것 같아."

아프로디테가 옷장 위 선반을 열심히 뒤지는 동안 아르테미스는 바닥에서 사냥개들과 레슬링 놀이를 하며 에코에게 상황을 설명했다.

"난 옷장이 하나면 충분하니까, 아프로디테가 나머지 하나를 쓰고 있어. 미의 소녀 신은 방에 있는 옷장 두 개를 다 쓰고도 부족하거든."

에코는 그제야 새벽의 의문이 풀렸다.

'아, 그래서 두 옷장 상태가 달라도 너무 달랐구나. 아마도 아르테미스는 너무 깔끔 떨어서 탈이라는 말은 안 들어 봤을 것 같아, 헤헤.'

잠시 후 아프로디테가 물건이 빽빽이 들어찬 옷장에서 분홍색 보석이 박힌 금색 장신구를 꺼내 들었다.

"찾았다! 내 예쁜 티아라."

"티아라?"

에코는 화려한 장신구 이야기에 이불을 밀어내고서 책상다리를 하고 앉았다. 그러고는 열심히 시리얼을 먹으며 아프로디테의 차림을 진지하게 살펴보았다.

"얘들아, 티아라까지 쓰는 건 너무 과할까?"

아프로디테가 머리에 티아라를 올려놓고서 방문에 달린 전신 거울 앞에서 이리저리 자신의 모습을 비춰 보았다. 에코는 아프로디테가 화려한 의상을 고른 걸 보니 자신의 선택이 들어맞았다는 생각에 내심 기뻤다.

'아프로디테의 화려한 분위기와 잘 어울릴 것 같아.'

에코가 생각하는 사이, 아르테미스가 먼저 말을 꺼냈다.

"난 괜찮은 거 같아. 키톤의 반짝이 장식과 잘 어울리는데? 뭐, 내가 패션에 대해 알면 얼마나 알겠느냐만."

아프로디테가 "풋." 하고 웃더니 친구에 대한 애정이 담뿍 담긴 목소리로 대답했다.

"그건 그렇긴 한데, 이번 건은 나도 생각이 같아. 키톤이랑 티아라랑 잘 어울리는 것 같아. 쓰고 갈래!"

에코는 싹 비운 그릇을 옆에 내려놓으며 자신도 찬성한다는 뜻에서 고개를 끄덕였다. 아프로디테는 에코의 반응에 고맙다는 듯 방긋 웃었다. 그러고는 아르테미스의 키톤을 빤히 쳐다보았다. 금색 테두리 장식이 달린 빨간색 키톤은 아르테미스의 옷 중에 가장 화려한 축에 속했다. 그 정도면 퍼레이드에 가도 되겠다 싶었는지 아프로디테의 눈길이 이번에는 에코를 향했

다. 옷을 갈아입지 않고 그대로 잤더니 키톤이 엉망으로 주름 져 있었다.

"에코, 퍼레이드 갈 때 내 옷장에서 마음에 드는 게 있으면 편하게 빌려 입어도 돼. 정말이야."

"정말이야?"

"그래. 아프로디테는 옷이 많잖아."

아르테미스가 거들고 나섰다.

"아테나는 페르세포네랑 같이 벌써 쇼핑센터로 갔어. 우리도 곧 출발해야 해."

아르테미스는 과연 할 수 있겠냐고 묻는 듯한 표정으로 덧붙였다.

"기다릴 테니까 외출 준비해. 얼른얼른."

"얼른얼른?"

에코는 불가능하다는 듯이 고개를 가로젓다가 문득 뭔갈 깨닫고는 인상을 팍 찌푸렸다.

'일어난 뒤부터 계속 남의 말을 따라 하고 있네. 왜 이러지.'

아프로디테가 문을 열더니 복도 안쪽을 가리켰다.

"그래. 그럼 우린 먼저 갈 테니 천천히 준비해. 욕실은 저쪽이야. 필요한 건 욕실에 가면 다 있을 거야. 말했다시피 여기 머무는 동안 내 옷장에 든 옷은 마음 편히 빌려 입어도 돼."

에코가 고맙다고 인사하려는데, 사냥개들이 먼저 쌩하고 문을 박차고 복도로 나갔다. 아르테미스는 허둥지둥 세 마리를 뒤쫓았다.

"이런! 우린 먼저 가 볼게. 이따 보자!"

아르테미스와 아프로디테가 손을 흔들며 떠나자 에코도 얼른 소리쳐 인사했다.

"이따 보자!"

에코는 손을 흔들다가 멈칫했다.

'아, 또 따라 했네. 아직 잠이 덜 깨서 그런가 봐.'

에코는 침대에서 폴짝 뛰어내리고서 조르르 욕실로 향했다. 복도는 쥐 죽은 듯이 고요했다. 학생들이 모두 불멸 쇼핑센터로 떠난 모양이었다.

'나도 서둘러야겠다!'

그런데 욕실에 다다르기 전, 복도 끝의 문이 휙 열리더니 남자아이 하나가 고개를 빼꼼 들이밀었다.

"쉿! 에코! 나야, 나르키소스!"

에코는 놀라서 소리를 질렀지만, 이내 마음을 가라앉혔다.

"나르키소스?"

나르키소스는 고개를 끄덕이더니 목을 쭉 빼고서 호기심 가득한 얼굴로 복도를 살폈다. 그러다가 문 안쪽 벽에 붙은 '남학생 출입 금지'라는 안내판을 보더니 흠칫했다.

나르키소스는 제자리에 서서 조용히 물었다.

"그래서?"

"그래서?"

에코는 나르키소스가 뭘 물어보는 건지 짐작이 가지 않아 어깨만 들썩였다.

"어디 뒀어? 구해 온 거 맞지? 우리 의상 말이야."

"우리 의상 말이야?"

에코는 다른 말을 하고 싶었다. 멋진 의상을 마련하느라 밤을 꼬박 새웠다고, 그래서 기숙사에 새벽 늦게 도착하는 바람에 도저히 나르키소스를 깨울 수 없었다고 말이다. 하지만 에코의 입에선 다른 어떤 말도 나오지 않았다.

에코의 이상한 반응에 나르키소스는 인상을 팍 찌푸렸다.

"지금 날 놀리는 거야?"

"놀리는 거야."

말이 떨어지자마자 에코는 고개를 세차게 가로저었다. 놀리려는 게 아니라는 걸, 적어도 '일부러' 그러는 건 아니라는 걸 어떻게든 알리고 싶었다.

'맙소사, 나 왜 이러지? 뭔가 잘못됐어. 왜 자꾸 남의 말만 따라 하게 되는 거지?'

나르키소스가 눈을 빙글 굴리며 쏘아붙였다.

"아, 됐어. 일단 넘어가자. 그래서 내 의상은 준비된 거야, 안 된 거야?"

에코는 어젯밤 있었던 모든 일을 들려주려 입을 열었다. 그런데 "안……."이라는 말이 튀어나오자마자 도로 입이 꾹 다물어져 버렸다. 대신 에코는 기숙사 방에 남아 있는 아이들이 들을 수 있으니 조용히 하라고 입술을 손가락에 갖다 댔다. 그러고는 손짓으로 나르키소스에게 여기서 기다리고 있으면 자신이 방으로 가서 의상을 가져오겠다는 뜻을 전했다.

'아, 얼른 괜찮아져서 다시 말할 수 있어야 할 텐데.'

에코는 불안한 마음을 추스르며 얼른 아르테미스의 방으로 달려가 옷장을 열었다. 전날 밤 열심히 만든 옷이 파피루스 가방에 담긴 채 어지러운 옷장 안쪽에 얌전히 걸려 있었다.

에코는 옷을 챙긴 다음, 아르테미스의 책상에서 두루마리 종이와 잉크가 채워져 있는 깃털 펜을 집어 들었다. 갑자기 말이 잘 나오지 않아서 고생하는 중이며, 곧 뒤따라갈 테니 먼저 쇼핑센터에 가 있으라고 편지를 쓸 작정이었다.

'적어도 놀리려고 일부러 그러는 거냐는 오해는 피할 수 있을 거야.'

그런데 원하는 대로 글이 써지지 않았다. 깃털 펜이 지나간 자리에는 '안 된 거야?'라는 글귀가 쓰여 있었다.

'맙소사, 이건 아까 나르키소스가 마지막으로 했던 말이잖아! 무슨 따라쟁이 바이러스에라도 걸린 건가? 아니면 아르테미스의 사냥개들하고 같이 지냈더니 알레르기 반응 같은 게 일어난 건가?'

에코는 가슴이 뜨끔했다.

'설마……. 헤라 님의 허락을 받지 않고 의상을 마음대로 빌렸다고 벌을 받는 걸까?'

에코는 쓸모없는 편지를 쓰레기통에 던져 넣고서 다시 복도를 달려갔다. 그러고는 기다리고 있는 나르키소스에게 아무 말 없이 빙그레 웃으며 옷 가방을 건넸다.

'부디 아무것도 물어보지 말아 줘. 똑같은 말을 따라 해서 창피당하고 싶지 않다고.'

다행히 나르키소스는 의상에만 정신이 팔린 듯했다.

"우아, 멋진데!"

나르키소스는 가방 안을 들여다보며 탄성을 터뜨렸다.

"빨리 입어 봐야겠어. 그럼 이따 만나자."

에코는 고개를 끄덕이며 대답했다.

"이따 만나자."

'아윽! 나 진짜 왜 이래? 이 따라쟁이 바이러스인지 알레르기인지 저주인지가 멈출 때까지 그냥 여기 처박혀 있어야 하는 거 아냐? 아냐, 그래도 난 갈 거야. 내가 만든 의상도 자랑하고, 헤라 님 가게도 도와 드려야지. 게다가 나르키소스의 의상은 나랑 한 쌍으로 서 있을 때 더 빛나는걸.'

나르키소스가 떠나자 에코는 얼른 욕실로 가서 새 키톤을 벽에 걸었다. 샤워장으로 들어가려는데 문득 거울에 비친 자기 모습을 본 순간, 에코는 기겁했다.

'으악!'

키톤은 쭈글쭈글 볼품없이 주름졌고, 긴 초록색 머리칼은 헝클어져 까치집이 되어 있었다.

'초절정 미남 나르키소스 앞에 이런 꼴로 서 있었다는 거야? 으아아아악!'

키톤은 얼른 샤워기 밑으로 달려갔다. 그런데 이번에는 샤워기 트는 법을 몰라 애를 먹었다. 에코는 황금 수도꼭지와 손잡

이가 달린 샤워기며, 매끈한 거울이 마련된 욕실이 익숙하지 않았다. 숲에서는 시원하게 쏟아지는 폭포 아래서 씻고, 자기 모습은 고요한 연못에 비춰 보면 그만이기 때문이었다.

드디어 샤워를 마친 에코는 새 의상을 입고서 거울을 확인했다. 젖어서 축 늘어진 머리칼이 문제였다.

'휴, 말리려면 한참 걸리겠다.'

그런데 욕실 수납장에서 찾아낸 빗을 머리에 갖다 대자 갑자기 "위이잉!" 하면서 빗에서 바람이 뿜어져 나왔다.

'이야, 머리카락이 순식간에 다 말랐어!'

30분이 지나자 에코는 모든 준비를 마쳤다. 거울에 자신의 모습을 비춰 본 순간, 에코는 입을 떡 벌렸다.

'우와! 새 키톤 덕분에 완전히 다른 모습으로 변신했네. 내가 마치, 마치…… 그래! 소녀 신처럼 보여!'

웨딩 숍 아이디어 노트에서 봤던 그림과 똑같이 목선과 치맛단에 반짝이 장식과 인조 보석을 잔뜩 달았더니 움직일 때마다 조명을 받아 키톤도 에코의 얼굴도 환하게 빛났다.

에코는 아까 아프로디테가 티아라 왕관에 대해 했던 질문이 떠올랐다.

'너무 과하냐고 물었지. 내가 이 키톤에 대해 같은 질문을 던

지면 다들 뭐라고 할까?'

에코는 거울 속 자신에게 방긋 미소를 보냈다.

'좀 과하면 어때? 평생 이런 화려한 옷은 다시 입을 일이 없을 텐데, 뭐.'

이어 에코는 파피루스 가방에서 단순한 디자인의 망토 하나를 꺼냈다.

'이거면 퍼레이드에서 의상을 공개할 때까지 비밀을 지킬 수 있을 거야.'

에코는 얼른 망토를 두르고서 아래층으로 내려갔다.

이윽고 에코는 날개 샌들을 신고 불멸 쇼핑센터를 향해 허공을 가로지르며 달렸다. 하늘하늘한 치맛자락이 길게 늘어지며 바람을 타고 나부꼈다.

쇼핑센터가 가까워지자 하늘에 다른 지역에서 온 불멸의 존재 손님들이 탄 전차가 속속들이 나타났다. 저만치 아래 산길에는 인간 세상에서 올라온 구경꾼과 손님 들이 쇼핑센터를 향해 부지런히 걸음을 옮기는 중이었다. 나중에 플로트 카 행렬이 최종적으로 모일 쇼핑센터 입구에는 음악가들을 위한 무대와 중요 인사들의 관람석이 마련되어 있었다.

'우아, 진짜 엄청난 행사가 되려나 봐. 제우스 님, 정말 대단

하셔!'

에코는 땅에 내려서자마자 샌들의 날개를 고정하고서 플로트 카 사이를 돌아다녔다. 플로트 카 행렬이 쇼핑센터 건물을 따라 한 줄로 길게 늘어서 축제 시작을 기다리고 있었다.

결혼 선물 전문 가게 '천상의 선물'에서 마련한 플로트 카는 거대한 선물 상자 모양이었다. 그 위에 엄청나게 큰 새틴 리본이 달려 있었고, 종이로 만든 하얀 종 장식이며, 정교한 포장이 돋보이는 적당한 크기의 선물 상자들이 예쁘게 장식되어 있었다. 이따금 작은 선물 상자에서 용수철 인형이 뿅 튀어나와서 선물을 주고받는 기쁨을 신나게 노래했다. 에코는 자기도 모르게 그 노래를 똑같이 따라 흥얼거렸다. 멈추려 해도 멈출 수가 없었다.

'아, 너무 창피해!'

하는 수 없이 에코는 후다닥 자리를 떴다.

오라클 오 제과 서점의 플로트 카는 거대한 두루마리 모양이었다. 카산드라는 이미 구경꾼들에게 나눠 줄 맛난 쿠키 바구니를 들고 플로트 카 위에서 대기 중이었다. 쿠키는 리본을 묶은 작은 그물 가방에 하나씩 포장되어 있었다. 공짜 쿠키를 맛본 손님들이 쿠키나 두루마리 책을 사려고 가게에 들르면 장사에 큰 도움이 될 터였다.

　에코가 오라클 오 제과 서점의 플로트 카를 구경하는 사이, 퍼레이드가 드디어 시작되었다. 차가 천천히 앞으로 나아가자 카산드라는 기다리고 있던 사람들에게 공짜 쿠키를 던져 주기 시작했다. 구경꾼들이 쿠키를 잡으려고 너도나도 손을 뻗었다.

　다음은 '영웅 만들기'라는 가게의 플로트 카였다. 전날 헤라의 가게에서 보았던 체크무늬 양복 차림의 남자가 차를 운전하고 있었다. 플로트 카 옆쪽에는 방패가 쭉 달려 있었다. 방패에는 헤라클레스나 오디세우스 같은 영웅들의 모습이 담겼다.

　이어 거대한 운동용 날개 샌들 한 짝이 나타났다. '아세다스'라는 가게에서 준비한 플로트 카였다. 마법의 힘을 입은 여러 켤레의 샌들이 차 주위를 새처럼 자유롭게 날아다녔다.

　마음이 바빠진 에코는 마지막 차량을 찾아 달리기 시작했다. 숨이 턱까지 차오를 즈음, 에코는 드디어 메인 플로트 카를 찾아냈다. 테이레시아스가 아직 출발하지 않은 차량 옆에 서서 팬들을 위한 파란색 두루마리 책에 부지런히 뭔가를 쓰고 있었다.

　'또 나르키소스를 입이 마르도록 칭찬하는 얘기겠지?'

　메인 플로트 카를 향해 눈길을 돌린 순간, 에코는 "와!" 하고 탄성을 터뜨렸다.

'세상에, 지이이이이인짜 예쁘다!'

하얗고 거대한 웨딩 케이크 모양의 플로트 카에는 작은 꽃다발, 새 등 다양하고 아름다운 장식이 새겨져 있었다. 문제는 신이 잔뜩 난 구경꾼들이 차를 둘러싸고 있어, 에코가 선 곳에서는 나르키소스가 이미 케이크 위에 올라가 있는지 확인할 수가 없었다.

'음, 그래도 지금쯤이면 위에서 대기하고 있겠지?'

드디어 메인 플로트 카가 움직이기 시작했다. 에코는 구경꾼들에 휩싸여 테이레시아스의 모습마저 놓치고 말았다. 동시에 플로트 카 양옆에서 진짜 황금으로 만든, 번개가 새겨진 메달 모양의 목걸이 펜던트가 한 무더기 쏟아져 나왔다. 펜던트 위쪽에는 올림포스 학교 로고가 찍혀 있었다.

"옛소!"

제우스의 우렁우렁한 목소리가 울려 퍼지는 사이, 구경꾼들이 번개 펜던트를 잡으려고 너도나도 달려들었다.

에코가 제우스에게 플로트 카에 어떻게 올라가야 하는지 목청 높여 물으려는 순간, 갑자기 플로트 카 옆에서 작은 문이 열리더니 손 하나가 불쑥 튀어나왔다. 그러고는 에코를 향해 손짓했다.

"어서 타! 빨리!"

에코는 치맛자락을 들고서 플로트 카 안으로 몸을 날렸다. 차 아래쪽에 마련된 작은 공간에서 잔뜩 흥분한 나르키소스가 기다리고 있었다. 그곳에서 계단을 올라가면 플로트 카 위로 나갈 수 있는 듯했다.

나르키소스는 서둘러 문을 닫으며 물었다.

"소식 들었어? 모다 님이 왔대!"

"모다 님이 왔대?"

"응! 잘됐지? 패션계에선 그분이 짱이야. 네가 마련해 준 이 튜닉을 보면 모다 님도 완전, 엄청, 진짜 마음에 들어 하실 거야. 완벽해! 모다 님 눈에 들면 내 모델 인생은 확 피는 거지!"

나르키소스는 흥분해서 춤까지 췄다. 공간이 비좁아서 실은 어깨를 두둠칫 들썩이는 정도였지만, 어쨌든.

'모다 님이 나르키소스의 모델 능력을 보면서 헤라 님의 견본용 드레스와 내 최종 작품도 눈여겨봐 주면 좋겠다!'

그 순간, 플로트 카가 덜컹하는가 싶더니 한층 속력을 내기 시작했다.

"쉿, 조용히 해!"

나르키소스가 속삭였다. 에코는 갑갑했지만 아무 말도 하지 않았다.

'그렇지 않아도 입 꾹 다물고 버티는 중이거든. 이상한 알레르기 반응이 사라질 때까지 난 조용히 있을 거라고!'

"내가 신호를 주면 계단을 달려 올라가 케이크 꼭대기에서 짠! 등장하는 거야."

에코는 나르키소스의 작전이 마음에 들었다.

'우아, 재미있겠다! 이 깜짝 쇼 대박 나겠는걸. 제우스 님의 아이디어인가 봐. 신문이나 잡지 기사에 보면, 제우스 님은 기발한 아이디어를 끊임없이 생각해 내신다잖아.'

에코는 망토를 벗고서 대망의 순간을 기다렸다.

'케이크 위에 올라가면 두 의상이 잘 어울려서 마치 웨딩 케이크 위에 올려놓은 신랑 신부 인형처럼 보일 거야!'

윤기가 자르르 흐르는 말 네 마리가 플로트 카를 힘차게 끌고 가는 동안, 에코는 점점 기대에 부풀었다.

'내가 만든 의상으로 유명해지면 패션계에서 새로운 생활을 시작할 수 있지 않을까? 그럼 억지로 다른 님프들과 같이 살지 않아도 되고, 혹시 알아? 나르키소스랑 사귀게 될지?'

나르키소스가 나직이 속삭였다.

"준비해. 시간 됐어. 지금이야!"

에코는 나르키소스와 함께 잽싸게 계단을 올랐다.

마침내 가짜 케이크 꼭대기의 뚜껑 문을 연 순간, 둘은 헤라와 정면으로 마주쳤다. 예상외로 플로트 카 위에는 많은 이들이 모여 있었다. 나르키소스는 에코의 손을 덥석 잡더니 높이 치켜들며 외쳤다.

"깜짝 쇼입니다!"

이어 나르키소스는 멋진 모델 포즈를 취했다. 밑에서 구경하던 〈주간 그리스 뉴스〉와 〈십 대들의 두루마리〉 소속 화가들이 얼른 둘의 모습을 그리기 시작했다.

하지만 에코는 뭔가 일이 잘못되었다는 걸 직감적으로 느꼈다. 에코는 천천히 주변에 둘러선 이들의 얼굴을 살폈다. 헤라, 멜리사, 아말테이아, 이데 그리고 이데의 약혼자인 듯한 젊은 남자가 보였다. 물론 제우스도! 다들 표정이 안 좋았다. 놀라긴 확실히 놀란 듯했다. 에코는 다들 표정이 왜 어두운지 퍼뜩 이유를 깨달았다.

'야수의 숲에서 아르테미스한테 그러더니, 이번에도 나르키소스가 거짓말을 했구나! 플로트 카에 오르라고 초대를 받았다는 것도, 허락을 받았다는 것도 모조리 거짓말이었어!'

"이게 무슨 어릿광대짓이냐? 똑바로 고하지 못할까!"

제우스가 버럭 고함을 질렀다.

'맙소사. 내 예상이 맞았어. 그래서 나르키소스가 아무한테도 말하지 말라고 했구나. 저 애는 퍼레이드를 뒤죽박죽으로 만들 작정이었던 거야. 난 그것도 모르고 저 애를 도왔고.'

상황은 거기서 끝나지 않았다. 헤라가 에코의 키톤을 가만히 쳐다보더니 낮게 비명을 질렀다.

"오, 이런!"

옆에 있던 이데도 눈이 휘둥그레지더니 같은 말을 내뱉었다.

"오, 이런!"

'세상에, 이데도 따라쟁이 바이러스에 걸린 건가? 혹시 이거 전염되는 건가?'

이데가 얼떨떨한 표정으로 서 있는 에코를 향해 손가락질하며 말했다.

"내 웨딩 키톤!"

"내 웨딩 키톤?"

에코는 혼란스러운 눈으로 이데의 키톤을 살폈다.

'내 옷이랑 완전히 다른데? 무슨 말을 하는 거지?'

이데의 약혼자도 무슨 영문인지 몰라 어리둥절한 표정으로 에코를 멀뚱멀뚱 쳐다보고만 있었다. 뭐가 어떻게 돌아가는지 누가 나서서 차근차근 설명하기 전에, 이데가 와락 눈물을 터뜨렸다.

"어떻게 그걸 입을 수 있어? 내 웨딩 키톤인데!"

"내 웨딩 키톤인데?"

에코가 같은 말을 되풀이하자 이데는 엉엉 울며 분통을 터뜨렸다.

"그게 왜 네 거야? 그 옷은 내 거야. 아니, 내 것이었지. 이제 모두가 봐 버렸으니 월요일 예식에 그걸 어떻게 입어? 결혼식 전에는 그 누구도 신부의 예복을 봐선 안 된다는 거 몰라?"

멜리사가 에코를 험악한 눈으로 바라보며 꾸짖었다.

"내 말이 그 말이다! 특히 신랑이 신부의 웨딩 키톤을 보면 두 사람이 불행해진다는 속설이 있잖아!"

"망했어! 내 결혼식 어떡해."

이데가 주저앉아 통곡하자 멜리사가 딸을 꼭 끌어안았다.

어쩔 줄 모르고 서 있던 아말테이아가 이데에게 물었다.

"네 웨딩 키톤은 헤라 님 가게에서 이미 받아 왔잖니? 왜 이 뚱딴지 같은 님프가 네 옷을 입고 있는 거야?"

멜리사가 딸의 등을 다독이며 대신 대답했다.

"딸애가 어제 마지막으로 디자인을 몇 가지 바꿔 달라고 가게에 도로 맡겼어."

이데가 눈물 젖은 얼굴을 들더니 부들부들 떨리는 손으로 헤라를 가리키며 쏘아붙였다.

"어떻게 '내' 웨딩 키톤을 '남'에게 입히고, 그것도 모자라 여기에 태울 수 있어요? 유명해지려고 이런 치사한 일을 벌이다니! 친구들에게 똑똑히 말할 거예요. 절대로 불멸 쇼핑센터에 가지 말라고, 그중에서 헤라의 해피엔드는 최악이라고 말이죠!"

이데는 충격과 슬픔에 빠진 얼굴로 계단을 비틀비틀 내려가더니 플로트 카를 떠나 버렸다. 놀란 이데의 약혼자가 서둘러 뒤를 따랐고, 멜리사와 아말테이아도 자리를 떴다.

이제 플로트 카 위에는 에코, 나르키소스, 헤라, 제우스만 남았다.

10 카피케이크 마법

제우스는 인상을 찌푸리며 에코를 매섭게 노려보았다.
"감히 헤라의 가게에서 이데의 웨딩 키톤을 훔치다니!"
에코는 계속해서 고개만 저을 뿐이었다.
'차라리 이대로 녹아 없어져 버리면 좋겠어.'
헤라가 도저히 믿기지 않는다는 듯이 중얼거렸다.
"설마 그럴 리가 있겠어요?"
"설마 그럴 리가 있겠어요?"
에코는 제대로 해명하고 싶었다. 하지만 입을 열자, 이번에도 헤라의 말만 똑같이 되풀이되어 나왔다.
'왜 말이 제대로 안 나오는 걸까? 이건 악몽이야! 그나저나

나르키소스는 왜 입을 꾹 다물고 있는 거지? 자기가 이 야단법석을 불러온 장본인이면서!'

잔뜩 찌푸린 헤라의 얼굴을 보니 헤라는 에코의 말을 믿지 않는 듯했다. 제우스는 당장이라도 번개를 내리칠 기세였다.

'두 분 다 이게 진짜 이데의 웨딩 키톤이라고 여기시나 봐. 아닌데! 이건 아무 장식 없이, 가격표까지 달린 채 옷걸이에 걸려 있던 건데. 내가 책에서 고른 디자인이 이데가 고른 거랑 똑같았나 봐. 정말 운도 없지! 이 오해를 어떻게 풀어야 하지?'

에코는 자신이 입고 있는 견본용 키톤에 손바느질로 반짝이 장식을 다는 시늉을 해 보였다. 하지만 설명이 되기는커녕 다들 에코가 아무래도 제정신이 아니라고 여기는 듯했다.

상황이 이쯤 되니 헤라와 나르키소스를 돕기 위해 의상을 빌렸을 뿐이라는 설명은 아예 불가능했다.

'솔직히 나 자신을 위해 벌인 일이기도 하잖아.'

고의는 아니었다고 해도, 나르키소스와 둘이서 이데의 결혼식을 망쳐 버렸다고 생각하니 에코는 울고만 싶었다.

한편 나르키소스는 계속 조개처럼 입을 꾹 다물고 있었다. 에코는 눈짓으로 나르키소스에게 무슨 말이라도 하라는 신호를 보냈다. 그러자 나르키소스가 침묵을 깨고서 마침내 입을 열었다.

"모두 얘 탓이에요."

나르키소스는 에코를 손가락질하며 뒷걸음질 쳤다.

"난 아무 잘못도 없는데 저 애 꼬임에 넘어가는 바람에……."

에코는 한 대 맞은 기분이었다.

"꼬임에 넘어가는 바람에?"

에코가 눈만 껌벅껌벅하는 사이, 나르키소스가 에코의 눈길을 피하며 말을 이었다.

"제가 의상을 구해 달라고 부탁하긴 했지만, 그건 순전히 헤라의 해피엔드를 홍보하기 위해서였어요. 신부의 웨딩 키톤을 훔쳐 올 줄은 꿈에도 몰랐죠!"

나르키소스의 말을 듣더니 제우스가 무시무시한 눈빛으로 에코를 노려보았다. 에코는 눈을 질끈 감았다.

'이제 번개가 떨어지겠구나.'

"우리의 거래는 끝났다!"

제우스가 버럭 고함을 질렀다.

"다른 지역의 님프로 살게 해 주겠다는 제안은 도로 거둬들이겠다. 넌 배려받을 자격이 없어. 올림포스산의 모두가 보는 앞에서 이데에게 상처를 입히고, 우리 부부에게 망신을 주다니! 이곳을 방문해 주신 귀한 손님들과의 관계도 너 때문에 멀어질 판국이야. 불멸 쇼핑센터에 손님을 모으기 위해 행사를 마련한 것인데, 네 어처구니없는 장난이 일을 망쳤구나.”

에코는 마른침을 삼키고서 천천히 고개를 주억거렸다.

‘제우스 님이 화내시는 것도 당연해. 이제 보니 나르키소스는 비열한 거짓말쟁이였어. 자기만 살려고 나한테 모든 걸 뒤집어씌우다니……. 게다가 제우스 님은 내가 정말 다 알면서 남의 웨딩 키톤을 훔쳤다고 믿으시는 것 같아. 너무 속상해.’

그때 에코가 탄 플로트 카가 덜컹하며 급히 멈춰 섰다. 어느새 불멸 쇼핑센터 중앙 출입구에 도착한 모양이었다.

만국기가 화려하게 장식된 쇼핑센터 입구 앞에는 다른 지역에서 온 귀한 손님들이 모여 행사 마지막 순서인 제우스의 연설을 기다리고 있었다.

플로트 카가 도착하자 손님들의 눈길이 일제히 케이크 꼭대기로 향했다. 나르키소스와 에코가 벌인 ‘깜짝 쇼’ 때문에 예상 밖의 엄청난 관심이 쏟아지고 있었다.

제우스가 억지 미소를 지으며 뒤돌아섰다. 어마어마한 군중이 플로트 카 주변에 모여 있었다.

“여러분, 퍼레이드가 즐거웠나요?”

제우스가 천둥 치는 듯한 목소리로 외쳤다.

"자, 이제 모두 불멸 쇼핑센터에 들어가서 다양한 가게를 구경해 보시기 바라오. 곳곳에서 공짜 선물이며 흥미로운 신상품을 만날 수 있을 거요. 내 유모 멜리사와 아말테이아가 '달콤 촉촉 엄마 마음'이라는 가게를 새로 열었으니 잊지 말고 들러 보시오. 그럼 주변에 소문 많이 내 주길 바라오!"

제우스가 열심히 불멸 쇼핑센터를 홍보하는 동안 헤라는 손짓으로 에코와 나르키소스에게 플로트 카에서 내리라고 명령했다.

플로트 카를 떠나려던 에코는 제우스가 아직 연설 중인데도 기자들이 잇따라 자리를 뜨는 걸 보았다. 에코가 본의 아니게 한몫 거들어 버린 신부 웨딩 키톤 사태를 보도하려고 안달이 난 모양이었다.

비열한 거짓말쟁이답게 나르키소스는 에코를 가라앉는 배, 아니 플로트 카에 남겨 두고 서둘러 계단을 내려가더니 테이레시아스를 데리고 구경꾼 사이로 모습을 감춰 버렸다.

에코는 가게로 돌아가는 헤라를 서둘러 뒤를 쫓았다.

'어떻게든 이 일을 바로잡아야 해!'

그런데 그때, 익숙한 목소리가 에코를 불렀다.

"에코! 휴, 드디어 만났네."

에코는 우뚝 걸음을 멈췄다.

'판이구나!'

판이 아세다스 가게의 플로트 카에서 보았던 것과 비슷한 날개 샌들을 신고서 에코 쪽으로 쌩 날아왔다. 벌써 한 켤레 산 모양이었다.

"드디어 만났네!"

에코는 판의 말을 되풀이하며 인사를 건넸다. 판은 몰려드는 손님들 사이를 요리조리 잘도 피하며 에코 앞에 와서 딱 멈춰 섰다.

'와, 비행 실력이 대단하네!'

"다프네가 같이 못 와서 미안하다고 전해 달래애애. 여기까지 왔다가는 24시간 안에 숲으로 돌아가서 로럴링을 보호할 주문을 외울 수 없을 것 같대애애."

에코는 알겠다는 듯 고개를 끄덕였다.

'맞다, 오늘 판에게 아폴론을 만날 수 있을 것 같으니 이곳으로 오라고 편지를 보냈지. 잊고 있었네.'

판이 주위를 휘휘 둘러보며 물었다.

"그럼 아폴론이 이 근처 어디에 있는 거야? 새로 만든 플루트를 선보일까 해서 가져왔는데에에."

솔직히 에코는 이러고 있을 때가 아니었다. 하지만 사정을 설명할 방법 역시 없었다. 마음이 급해진 에코는 얼른 주위를 둘러보며 아폴론을 찾았다. 중앙 출입구 앞 무대에 아폴론이 천상천하 밴드 멤버들과 함께 서 있었다. 에코는 판의 팔을 대뜸 잡아끌고서 아폴론에게 데려갔다. 말을 제대로 할 수 없는 에코는 판의 플루트를 가리켜 보이고서 연주하는 시늉을 했다.

'휴, 내 뜻이 전해졌을까? 완전 바보처럼 보이려나?'

아폴론이 웃음을 애써 참으며 판에게 말했다.

"네 연주 실력을 들어 보라고 말하는 것 같은데?"

에코는 얼른 머리를 굴렸다.

'아폴론은 퍼레이드가 열리는 내내 이곳에서 공연을 하느라 아직 내가 사고를 쳤다는 소식을 못 들었나 봐. 알리지 말아야지. 아니, 알리려 해도 할 수 없구나.'

판은 에코의 이상한 행동을 못 본 척하며 플루트를 입술에 대고서 손가락을 열심히 움직였다. 판의 연주는 훌륭했다. 그러나 손을 본 것 같은데도, 악기의 소리가 여전히 가늘고 코가 막힌 듯 뭔가 답답한 느낌이 있었다.

아폴론은 최대한 친절하게 그러나 솔직하게 의견을 전했다.

"음, 멀리까지 오느라 고생했는데 이대론 어려울 것 같아."

에코는 어깨를 축 늘어뜨린 판을 보며 마음이 아팠다.

'그런데 내가 듣기에도 소리가 썩 좋은 것 같지는 않았어.'

아폴론이 판의 어깨를 툭툭 두드리며 말했다.

"네 연주 실력이 문제가 아니야. 넌 대단한 재능을 지녔어. 그저 그 재능을 빛나게 해 줄, 더 좋은 악기를 찾기만 하면 돼."

판이 잔뜩 낙심한 표정으로 고개를 끄덕였다.

"나도 같은 생각을 하고 있음매애애."

두 소년이 음악 이야기를 나누기 시작하자 나머지 밴드 멤버들도 곁으로 다가왔다. 에코는 그 틈에 살그머니 자리를 떴다.

'난 이제부터 꾸지람을 한 자락 들어야 하거든. 그 소리에 비하면 판의 플루트 소리는 천상의 음악일 거야!'

마침내 에코가 불멸 쇼핑센터로 들어가 헤라의 가게에 발을 들인 순간, 불만에 찬 직원의 목소리가 날아들었다.

"어떻게 이런 어이없는 일이 일어났는지 모르겠어요."

직원은 헤라에게 아쉬운 마음을 한탄하고 있었다.

"행사를 잘 치르고, 우리 쇼핑센터에 인간 세상 손님이 더 많이 오기를 기대하면서 다 함께 열심히 준비했는데 말이에요."

에코는 심장이 철렁했다.

'아윽! 이데의 결혼식만 망친 게 아니라 쇼핑센터 행사 전체를 망가뜨렸네. 언론의 관심이 마지막 플로트 카에서 일어난 말썽에만 쏠렸나 봐. 나 때문에 불멸 쇼핑센터가 망하기라도 한다면 앞으로 어떻게 고개를 들고 다니지?'

아직 아무도 에코의 존재를 알아차리지 못했기에 에코는 살금살금 앞으로 다가가 헤라와 직원들의 이야기에 귀를 기울였다.

"어차피 되돌릴 수 있는 일도 아니니 우리는 이데의 웨딩 키톤 문제에 집중합시다."

헤라가 자신감 넘치는 목소리로 직원들을 다독였다.

"자, 이 사태를 바로잡기 위해 우리가 할 수 있는 일은 뭐가 있을까?"

다른 직원이 고개를 절레절레 흔들며 대답했다.

"모르겠어요. 이틀 뒤면 결혼식인걸요."

그러자 헤라가 말했다.

"우린 할 수 있는 최선을 다하고, 이데가 우리한테 다시 기회를 주길 바라야겠지. 문제의 드레스는 이데가 자기 마음에 드는 걸로 직접 골랐어. 아까 에코가 입은 걸 보니 멋지긴 하던데, 우리가 다 알다시피 이데한테 가장 잘 어울리는 스타일은 아니었지."

'응?'

에코는 처음 듣는 얘기였다.

"그러니 이번에는 이데한테 고르라고 하지 말고, 전문가인 우리가 이데한테 가장 어울린다고 생각되는 키톤을 골라서 보여 주자고."

그러자 또 다른 직원이 대답했다.

"아유, 헤라 님. 지난번에 그 손님 키톤 결정하게 하느라 얼마나 힘들었는지 기억 안 나세요? 아무리 이게 더 잘 어울린다고 설득해도 안 듣는 걸 어떻게 해요."

"안 듣는 걸 어떻게 해요."

속이 상한 에코가 자기도 모르게 말을 따라 했다. 놀란 헤라와 직원들이 일제히 에코 쪽으로 고개를 돌렸다. 에코가 입은 옷을 본 직원들은 상대가 누구인지 바로 알아차렸는지 표정이 험악해졌다. 헤라도 인상을 찌푸리는 걸 보니 에코가 대화를 엿들은 게 언짢은 모양이었다.

"여긴 뭐 하러 왔니?"

"뭐 하러 왔니?"

에코가 할 수 있는 말은 그것밖에 없었다.

갑자기 헤라의 눈이 반짝했다.

"잠깐. 얘야, 말 좀 해 보렴. 뭐든지 좋아."

에코는 땅이 꺼지라 한숨을 쉬며 말했다.

"뭐든지 좋아."

듣고 있던 직원이 발끈했다.

"얘, 장난도 정도껏 쳐야지!"

에코는 울고 싶은 심정이었다.

"장난도 정도껏 쳐야지."

다른 직원이 혀를 끌끌 차며 나섰다.

"얘야, 그만하거라! 어디 감히 헤라 님 앞에서!"

그러자 헤라가 얼른 직원들을 말렸다.

"자자, 난 괜찮으니까 진정들 해요. 에코, 말해 보렴. 이데의 웨딩 키톤을 가져갈 때 우리 가게에서 뭘 먹었었니? 혹시 레몬 크림이 올려진 노란색 컵케이크를 먹었어?"

"노란색 컵케이크를 먹었어."

에코는 열심히 고개를 끄덕였다.

'컵케이크랑 내 상태랑 무슨 상관이 있는 거지?'

헤라가 손가락을 딱 튕기며 말을 이었다.

"이제야 네가 왜 그러는지 알겠구나. 네가 먹은 건 '카피케이크'야. 따라쟁이 마법이 걸려 있는 특별한 컵케이크지. 실은 제우스에게 한 수 가르쳐 주려고 놓은 덫이었는데 말이야. 일주일 동안 달콤한 간식을 먹지 않겠다고 약속해 놓고서 몰래 컵케이크에 손을 대면 단맛이 아니라 매운맛을 보게 되는 거지."

"매운맛을 보게 되는 거지."

에코는 또다시 말을 따라 하며 속으로 중얼거렸다.

'말씀하신 매운맛, 제가 지독하게 봤어요.'

헤라가 한숨을 폭 쉬더니 에코의 두 눈을 마주 바라보았다.

"카피케이크의 효과는 몇 시간이 지나면 사라질 텐데, 그때까지는 남의 말을 따라 할 수밖에 없을 거야."

에코는 답답한 마음을 억누르며 주위를 휘휘 살폈다.

'진짜 웨딩 키톤은 어디에 있지? 찾아서 내가 가져가지 않았다는 걸 증명해야 하는데! 분명히 수선이 필요한 옷만 따로 모아 두는 곳에 뒀을 거야. 그런데 거기가 어딘지 내가 어떻게 알겠어? 가서 확인해 보기만 해도 내가 도둑이 아니란 걸 알 텐데, 휴.'

헤라가 직원들과 새 웨딩 키톤에 대해 다시 의논하기 시작하자 에코는 힘없이 뒤돌아섰다. 우울한 마음에 발걸음이 잘 떨어지지 않았다. 에코는 속으로 다짐했다.

'반드시 방법을 찾아내서 헤라 님을 도울 거야. 내가 저지른

일에 책임을 져야지. 그런데 지금 당장은 모든 게 버겁기만 해.'

불멸 쇼핑센터 밖으로 나왔더니 판이 천상천하 밴드의 연주를 듣고 있었다. 에코가 가까이 다가가자 판이 자리에서 일어서며 말했다.

"에코, 난 이제 숲으로 돌아가 볼까 해애애."

'올림포스 학교로 돌아간들 날 반겨 줄 리가 없고, 그렇다고 달리 갈 곳이 있는 것도 아니고. 어쩌지?'

하는 수 없이 에코는 일단 판을 따라나섰다. 고향으로 돌아가는 내내 둘 다 생각에 빠져 통 말이 없었다. 게다가 에코는 멋모르고 먹은 카피케이크의 마법에서 벗어나지 못한 터라 판이 말을 걸지 않는 쪽이 차라리 반가웠다.

시간이 흐르고 고향에 가까워질수록 에코는 점점 불안해졌다. 마을 아이들이 어떤 반응을 보일지 짐작이 가지 않았다. 어수선한 마음을 안고 야수의 숲을 가로지르는데, 갑자기 미궁에서 번쩍하고 번개가 뻗어 나오더니 에코와 판이 보는 앞에서 나무 덤불을 시커멓게 태워 버렸다.

"이게 무슨 일임매애애."

판이 놀란 눈으로 에코를 쳐다보았다. 그 순간, 어떤 생각이 퍼뜩 에코의 머리를 스쳐 갔다.

'저 번개는 분명 옆으로 날아왔어. 완소나무를 때린 번개랑 똑같아!'

에코는 곧장 미궁으로 달려 들어갔다. 놀란 판이 얼른 에코를 뒤쫓았다. 구불구불 이어지는 미로 속을 달리며 에코는 굳게 결심했다.

'저 이상한 번개의 정체를 밝히고 말겠어!'

미로 같은 길을 따라 스무 번도 넘게 방향을 이리 꺾고 저리 꺾은 끝에, 에코와 판은 미궁의 안뜰로 통하는 출입구에 도착했다. 그와 동시에 안뜰 쪽에서 누군가의 말소리가 들렸다. 에코와 판은 얼른 덤불 속에 몸을 숨겼다.

마법 연못 옆에 나르키소스와 테이레시아스, 화가 아낙산드라가 보였다. 에코는 그들 곁에서 전혀 예상하지 못한 인물을 한 명 더 발견하고서 입을 떡 벌렸다.

'시링크스잖아!'

테이레시아스는 연못 앞에 꼼짝하지 않고 서 있는 드라콘을 만지작거리며 낑낑대고 있었다.

"휴! 드디어 고친 것 같아. 하마터면 불꽃이 튀어서 통닭구이가 될 뻔했네. 이제 우리 뜻대로 움직일 수 있어."

아낙산드라가 테이레시아스의 어깨를 툭툭 치며 말했다.

"잘했어. 자, 그럼 원래 계획대로 나르키소스가 괴물과 싸우는 장면을 그려 보자. 그림이 완성되면 모다 님한테 바로 보내자고."

나르키소스가 싱글대며 말했다.

"그래! 내가 제우스 님의 케이크 플로트 카에서 뛰어내리는 모습을 기자들이 잔뜩 그렸잖아. 거기에 네 그림까지 더해지면 모다 님이 감탄해 마지않겠지?"

그 말을 듣더니 테이레시아스가 고개를 끄덕였다.

"내일 신문 1면과 곧 나올 잡지 표지가 온통 네 얼굴로 도배될 거야."

"우아, 잘됐다."

시링크스가 나르키소스를 향해 방긋 웃었지만, 나르키소스는 눈길조차 주지 않았다.

'하여간 자기밖에 모르는 인간이야.'

에코는 속으로 쯧쯧거렸다.

'그나저나 시링크스가 나르키소스한테 홀딱 반했나 본데?'

에코는 판을 슬쩍 쳐다보았다. 판도 시링크스의 마음을 알아차린 듯했다.

'불쌍한 판. 시링크스를 향한 짝사랑이 이렇게 끝나 버렸네.'

"자, 테이레시아스. 드라콘을 다시 작동시켜 봐!"

나르키소스가 소리치며 괴물을 향해 창을 던지는 자세를 취하자 시링크스가 물었다.

"위험하지 않을까? 그러다 다치면 어떻게 해?"

테이레시아스가 고개를 끄덕였다.

"일리 있는 말이야. 나르키소스 넌 모델이잖아. 얼굴이 네 재산이라고! 우리 재산이기도 하고 말이야. 며칠 전에 무슨 일이 있었는지 기억 안 나?"

나르키소스는 대수롭지 않다는 듯 어깨를 들썩했다.

"지난번에는 작동법을 제대로 몰라서 그런 거고. 이제는 감 잡았잖아, 안 그래?"

그러자 아낙산드라가 미심쩍은 눈으로 드라콘을 살피며 말했다.

"불꽃 크기와 방향은 아직 통제 못하잖아."

"그래, 그러니까 번개같이 끝내자고."

나르키소스는 자기 농담에 자기가 웃더니 시링크스에게 눈길을 돌리고서 설명했다.

"저 괴물 눈에서 불꽃 번개가 뿜어져 나오거든. 며칠 전, 우리가 기계를 끄기 전에 번개가 뿜어져 나오는 바람에 나무 한 그루를 날려 버렸다니까. 나무가 쓰러지는 소리가 여기까지 들리더라. '콰쾅!' 하고 말이야."

나르키소스는 다시 크게 웃더니 한마디 덧붙였다.

"기껏해야 나무 한 그루잖아. 별일 아냐."

에코와 판은 할 말을 잃고 입을 떡 벌린 채 서로를 멍하니 쳐다보았다. 다행히 시링크스도 그 말만큼은 받아들일 수 없는 모양이었다. 시링크스는 아무 말 없이 그저 방금 들은 말을 믿을 수 없다는 표정으로 나르키소스를 빤히 바라보기만 했다.

이내 에코는 분노로 얼굴이 시뻘겋게 달아올랐다.

"기껏해야 나무 한 그루잖아? 별일 아냐?"

버럭 소리치며 덤불에서 뛰어나와 나르키소스를 마주한 순간, 에코는 더 아무 말도 할 수가 없었다.

'아윽, 따끔하게 한마디 해 주고 싶은데 카피케이크의 마법 때문에 안 되네!'

"에코, 네가 여긴 웬일이야?"

시링크스가 따지듯이 묻더니 에코의 옷을 보고서 눈이 휘둥그레졌다.

"그 화려한 키톤은 뭐야? 이번에는 또 어디서 베꼈어?"

시링크스의 말은 어김없이 에코의 가슴을 파고들어 짜증을 피워 올렸다.

그런데 가만 보니 시링크스가 입고 있는 키톤이 어쩐지 눈에 익었다. 에코가 직접 만들었고, 완소나무가 쓰러지고 난 뒤 건진 몇 벌 안 되는 옷 중 하나였다. 시링스크가 에코의 오두막에서 옷을 발견하고서 '빌린' 모양이었다.

에코의 시선을 느낀 시링크스가 서둘러 변명을 늘어놓았다.

"이야기 못 들었어? 나 이제 드리아데스로 숲에서 쭉 살기로 했어. 사실상 너 대신 내가 들어온 거나 다름없잖아? 그래서 네 물건을 좀 썼어. 네가 네 나무한테 그런 일을 저지르고도 이곳에 돌아올 거라고 누가 생각이나 했겠니?"

에코는 놀라서 주춤 뒤로 물러섰다. 뺨을 한 대 맞은 기분이었다.

바로 그때, 다프네가 미궁 안으로 뛰어 들어왔다.

"시링크스, 거짓말하지 마. 넌 드리아데스가 될 생각이 눈곱만큼도 없잖아."

다프네는 시링크스의 대답을 기다리지 않고 휙 돌아서서 에코를 와락 끌어안았다.

"판이 돌아오길 기다리는 중이었는데, 너희 둘의 모습이 보이기에 따라 들어왔어. 정말 예쁜 옷을 입었네!"

시링크스는 다프네의 말에 아무런 대꾸도 하지 못했고, 에코는 다프네의 말에 마음이 벅차올랐다.

'숲에 내 자리가 낄 자리가 없다 하더라도, 다프네의 우정만으로도 난 충분해.'

"에헴, 에헴!"

나르키소스가 눈부신 미소를 지으며 끼어들었다.

"애들아, 여긴 관계자 외 출입이 제한된 세트장이야. 모델 일과 관련이 없으면 나가 줄래?"

'내가 왜 이딴 애를 좋아했을까?'

에코는 밖으로 표현할 수 없지만 울분이 솟구쳤다.

'네가 여기 머물 권리가 있다면 나도 내 친구들도 똑같은 권리가 있어. 그런데 말이야. 사실 우리 중 누구도 여기 있을 수 없어. 이 미궁은 인간도 님프도 들어올 수 없는 출입 금지구역이라고.'

그러나 에코가 할 수 있는 말은 이것뿐이었다.

"나가 줄래?"

판은 이글거리는 눈으로 나르키소스를 노려보다가 짓궂게 씩 웃으며 말을 꺼냈다.

"야! 너 콧잔등에 여드름 난 건 알고 있냐?"

나르키소스의 얼굴에서 미소가 싹 가셨다. 나르키소스는 세상 끝난 것 같은 표정으로 연못가에 자란 갈대와 꽃을 휙 밀고서 연못에 얼굴을 비추어 보았다. 그러자 놀란 테이레시아스가 고함을 지르며 앞으로 달려 나왔다.

"안 돼! 예언! 예언!"

아낙산드라도 소리쳤다.

"나르키소스, 심장 조심해!"

"예언? 무슨 예언 말임매애애애?"

판이 어리둥절해서 되물었다. 판은 예언에 대해 전혀 모르고서 던진 농담이었지만, 이미 때는 늦은 뒤였다. 나르키소스의 파란 눈동자가 물 위에 비친 자기 모습을 마주했다.

"끝났어! 우린 망했어!"

테이레시아스가 엉엉 울기 시작했다.

에코는 입술을 잘근잘근 깨물며 모두와 함께 나르키소스의 상태를 살폈다.

'예언처럼 나르키소스의 심장이 사라져 버릴까?'

에코는 나르키소스에게 화가 났지만, 그런 비극이 일어나는 건 절대로 원하지 않았다.

시간이 째깍째깍 흘러갔다. 그런데 나르키소스는 괜찮아 보였다. 아니, 행복해 보였다. 나르키소스는 물 위에 비친 자기 모습을 뚫어져라 쳐다보면서 고개를 갸웃갸웃했다.

"와, 예상했던 것보다 더 잘생겼네."

테이레시아스가 조심스레 다가서며 물었다.

"나르키소스, 심장 괜찮아?"

"그럼! 쿵쿵 잘만 뛰는걸. 콧잔등에 여드름도 없어."

나르키소스는 친구들 쪽으로 고개를 돌리려는 듯 갸웃거렸지만, 수면에 비친 자기 모습에서 결코 눈을 떼지 못했다.

그러자 판이 싱글거리며 놀렸다.

"에이, 거짓말임매애애! 심장은 무슨 얘기인지 모르겠지만, 여기서도 여드름은 훤히 보임매애애."

테이레시아스가 기겁하며 소리쳤다.

"거짓말이야. 나르키소스, 저 말 듣지 마. 넌 정말 끝내주게 잘생겼어."

시링크스도 열심히 고개를 끄덕이며 맞장구를 쳤다.

정작 나르키소스는 옆에서 떠들거나 말거나 빙그레 웃으며 물 위에 비친 자기 얼굴 쪽으로 더 가까이 고개를 들이밀었다. 가까이, 더 가까이.

그때 근처 나무의 열매가 드라콘 머리에 톡 떨어졌다. 갑자기 괴물의 눈에서 작은 불꽃이 파파팍 뿜어져 나오더니 나르키소스의 등에 떨어졌다.

"으악!"

놀란 나르키소스는 허둥대다가 연못에 고꾸라지고 말았다.

풍덩!

잠시 후 나르키소스가 허우적거리며 수면 위로 얼굴을 내밀었다. 젖은 머리칼이 이마에, 연잎이 양 볼에 철썩 달라붙어 있고 머리카락 사이사이에 갈대가 삐죽삐죽 솟아 있었다.

"워워, 다들 진정해. 난 괜찮아."

나르키소스는 온 세상이 자기 안전에 목을 매고 발을 동동 구르고 있는 것처럼 말했다.

에코는 나르키소스의 거만한 태도를 보며 완소나무에 대해 '별일 아니라고' 떠들던 일을 새삼 떠올렸다. 그 순간, 마음에 남아 있던 나르키소스에 대한 마지막 호감까지 화르륵 사라져 버렸다.

나르키소스가 연못에서 나오자 아낙산드라가 깃털 펜을 내려놓더니 그림을 내밀었다.

"물에 빠지는 순간에 그림이 완성되어서 저 하얀 꽃이 앞을 좀 가렸어."

나르키소스는 그림에는 눈길도 주지 않고서 대답했다.

"얼른 기자한테 보내! 그림이 빨리 도착할수록 모델 제의도 빨리 들어올 거고, 내 꿈도 빨리 이뤄질 테니까."

테이레시아스가 고개를 끄덕였다.

"그건 내가 처리할게. 이제 여기서 볼일은 다 봤으니까 얼른 뜨자!"

테이레시아스가 아낙산드라와 함께 짐을 챙겨 미궁을 나가려는데, 나르키소스는 꿈쩍도 하지 않았다.

그제야 에코는 퍼뜩 깨달았다.

'물 밖으로 나온 뒤, 나르키소스는 한순간도 자기 모습에서 눈을 떼지 않았어.'

"나르키소스, 어서 가자."

테이레시아스가 재촉하는데도 나르키소스는 연못에 비친 자기 모습만 쳐다보고 있었다.

시링크스가 걱정스러운 얼굴로 나르키소스에게 다가서며 물었다.

"나르키소스, 너 괜찮아?"

"장난하니?"

나르키소스가 꿈꾸는 듯한 미소를 지으며 대답했다.

"난 사랑에 빠졌어."

"정말?"

시링크스는 좋아서 어쩔 줄 몰라 했다.

에코는 그런 시링크스를 보며 생각했다.

'쯧쯧, 자기더러 한 말인 줄 아나 봐. 휴, 시링크스도 나르키소스한테 홀딱 빠졌구나.'

나르키소스가 천천히 고개를 주억거리며 말했다.

"응. 내가 온 마음을 바쳐 사랑할 상대를 발견했어. 그건 바로 나야!"

"엥?"

시링크스는 너무 놀라고 실망한 나머지 말을 제대로 잇지 못했다.

"그, 그, 그렇구나……."

갑자기 테이레시아스가 손가락을 딱 튕기며 소리쳤다.

"예언이 이루어졌어! 지금 막 기억났는데, 정확한 예언은 '심장이 사라질 것이다'가 아니라 '심장을 빼앗길 것이다'였어. 넌 너 자신한테 반해서 심장을 빼앗긴 거야!"

나르키소스가 씩 웃으며 대꾸했다.

"그래, 나답게 정말 멋지지 않니?"

에코, 판, 다프네는 서로를 쳐다보며 어이없다는 눈빛을 주고받았다.

판이 한마디 툭 던졌다.

"네 자신이랑 둘이서 평생 행복하게 잘 살길 바랄게!"

에코는 동감이라고 외치고 싶었지만, 말을 할 수 없기에 까르르 웃기만 했다.

'지금까지 내가 지켜본 대로라면 나르키소스는 평생 자기만 사랑하고도 남을 아이야. 주변 사람들을 성공을 위한 발판으로 쓰고선 내팽개쳐 둔 채 자기만 더 높은 곳으로 가 버리겠지. 나르키소스한테 주변 사람들은 그저 자신을 떠받들며 모델 경력을 활짝 펼치게 해 줄 수단에 불과해.'

"나르키소스, 어서 가자."

테이레시아스가 다시 재촉하더니 안 되겠다 싶었는지 한마디를 슬쩍 덧붙였다.

"예언의 위험이 사라졌으니 가까운 시장에 들러서 거울을 사면 어떨까?"

그 말에 솔깃한 나르키소스는 엄청난 의지를 발휘해 겨우 자신의 얼굴에서 눈을 뗐다. 심지어 손으로 작별 입맞춤까지 보내며 이렇게 소리쳤다.

"보고 싶을 거야, 친구. 금방 다시 만나자!"

나르키소스는 잔뜩 들떠서 미궁을 떠났다.

"다시는 보지 말자!"

에코는 달려가는 나르키소스와 두 친구를 향해 소리쳤다. 널따란 안뜰에 에코의 목소리가 또록또록하게 메아리쳤다.

"아!"

에코는 화들짝하고서 활짝 웃었다.

'카피케이크 마법이 드디어 풀렸어!'

연못 옆에 아낙산드라가 미처 챙기지 못하고 두고 간 그림 한 장이 떨어져 있었다. 시링크스는 그림을 주워서 가슴에 꼭 품은 채 나르키소스가 떠난 방향을 애타게 바라보았다. 나르키소스를 따라갈지 말지 마음을 정하지 못해 망설이는 듯했다.

그런데 갑자기 시링크스가 그림을 툭 떨어뜨리더니 덜덜 떨며 뒤로 주춤주춤 물러섰다.

"괴, 괴물이야."

시링크스의 말대로였다. 갑자기 안뜰 주변의 덤불 속에서 시뻘건 눈동자가 빛나기 시작했다.

기억 한 조각이 에코의 머릿속을 스쳐 갔다.

"아르테미스가 그랬어. 마법 연못을 건드리면 이 부근의 괴물들이 함께 소란을 일으킨다고. 머리 셋 달린 용 분수를 조작하면 괴물의 움직임을 멈출 수 있다고 했는데!"

"그럼 빨리 해!"

시링크스가 안달을 냈다. 판도 마음이 급한 듯했다.

"에코, 서둘러야 해!"

"난 할 줄 몰라."

다프네는 절망에 빠져 어깨를 축 늘어뜨렸다.

"크아아아아앙!"

시뻘건 눈동자들이 점점 가까이 다가왔다. 시링크스는 대뜸 속이 빈 갈대 하나를 뽑아서 입에 물더니 아예 연못 속에 드러누웠다. 물 밖에서 보이는 건 가느다란 갈대 줄기뿐이었다.

다프네가 판과 에코에게 얼른 설명했다.

"저건 강의 님프들이 몸을 숨길 때 쓰는 방법이야! 갈대를 빨대처럼 이용해서 숨을 쉬는 거지."

에코가 고개를 끄덕였다.

"좋은 생각이야. 우리도 따라 하자."

에코는 얼른 30센티 길이의 갈대를 꺾어서 친구들에게 나눠 주었다. 세 친구는 입에 갈대 줄기를 물고서 시링크스처럼 줄기 끝만 수면 위에 살짝 남기곤 물속에 몸을 숨겼다.

네 아이가 바짝 긴장한 채 숨죽이고 있는 동안 괴물들이 안뜰로 쿵쿵 걸어 들어왔다. 괴물이 연못 근처를 어슬렁거릴 때마다 일렁이는 수면 위에 무시무시한 형체의 그림자가 드리워졌다. 에코는 그림자를 보고서 괴물의 정체를 알아차렸다.

'머리 하나, 팔 둘, 몸 셋, 날개 넷, 다리 여섯. 게리온이구나. 저건 불길을 뿜어내는 그리폰인가? 으윽!'

다행히 아이들이 입에 물고 있는 갈대는 연못에 자라는 갈대와 똑같아 보였다.

시간이 지나자 괴물들은 결국 안뜰을 떠나 숲속으로 돌아갔다. 사방이 고요해지자 판이 물 위로 살짝 눈을 내밀고서 주위를 살폈다.

"얘들아, 이제 안전해."

판의 신호에 세 아이들도 물 밖으로 몸을 내밀었다.

"휴."

에코가 한숨을 쉬며 입에서 갈대를 빼는 순간, 갈대 줄기에서 재미난 소리가 났다.

판이 고개를 휙 돌리더니 자리에서 일어서려는 에코에게 물었다.

"다시 해 봐!"

"뭘? 이거?"

에코는 입술 끝에 갈대를 대고서 "후." 하고 숨을 뱉었다. 다시 은은하고 독특한 소리가 울려 퍼졌다.

"어머, 예쁜 소리네."

다프네가 방긋 웃으며 말했다.

"뭔가 행복해지는 소리야."

판이 고개를 끄덕였다.

"그러게. 지금까지 난 갈대 줄기 안으로 숨을 불어넣어 소리를 내려 했지, 줄기 끝에 스치듯 숨을 내뿜어서 소리를 낼 생각은 못 했어."

판의 목소리에 기쁨과 흥분이 가득했다. 판은 서둘러 다양한 길이의 갈대를 대여섯 개 정도 뽑았다.

친구들을 뒤따라 연못 밖으로 나온 판은 분수 가장자리에 갈대를 긴 것부터 순서대로 쭉 늘어놓은 다음, 연꽃 줄기로 잘 묶었다.

"자, 이제 새 악기를 시험해 볼 차례야."

판은 새 악기를 양손으로 잡고서 입술로 갈대 끝을 지나다니며 숨을 후 불었다. 갈대 줄기에서 아름다운 곡조가 흘러나왔다. 판이 함박웃음을 짓더니 기뻐서 악기를 들고 깡충깡충 뛰었다.

"플루트 여러 개를 한꺼번에 부는 것같이 들려. 이거야말로 내가 찾던 소리야! 야호!"

"크아아아아앙!"

"쿵, 쿵, 쿵, 쿵!"

"아유, 내가 못 살아!"

시링크스가 짜증을 버럭 냈다.

"네가 떠드는 바람에 괴물들이 돌아오잖아!"

이번에는 숨을 틈이 없었다. 괴물들이 아이들을 발견하고서 연못가로 거침없이 달려왔다.

에코가 서둘러 말했다.

"판, 어서 그 피리를 불어. 교목 쌤들이 그랬잖아. 음악은 성난 야수도 잠재운다고."

"그래. 해 보자."

판은 악기를 두 손으로 잡고서 열심히 불며 신나는 음악을 만들어 냈다. 그러자 괴물들이 히죽히죽 웃기 시작하는 게 아닌가?

"괴물들이 웃고 있어!"

다프네가 기뻐하며 소리치자 에코도 탄성을 터뜨렸다.

"우아! 판, 멈추지 말고 계속 불어 봐!"

부드러운 음악 소리가 이어지자 괴물들이 안뜰에 배를 깔고 누워 몸을 동그랗게 말더니 이내 코를 골며 잠이 들었다.

드디어 목숨을 구했다는 생각이 들기 무섭게, 시링스크스는 미궁 출입구로 잽싸게 걸음을 옮겼다.

"난 여길 뜰 거야. 너희들이나 이 멍청한 숲에서 살아. 여긴 너무 위험해. 난 다시 강으로 갈 거야. 안녕!"

그 말을 남기고서 시링크스는 냅다 달아나 버렸다.

솔직히 에코는 얄미운 시링크스가 사라져서 속이 후련했다. 하지만 에코는 두 친구를 바라보며 이렇게만 말했다.

"애들아, 괴물이 깨어나기 전에 우리도 떠나자."

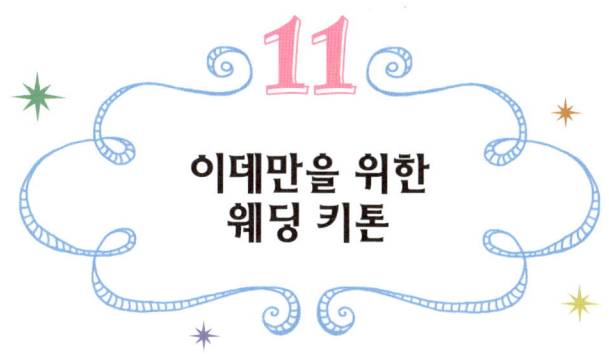

11
이데만을 위한 웨딩 키톤

"에코, 이제 네 나무…… 음…… 오두막으로 돌아올 거니?"

미궁을 안전하게 빠져나온 뒤 다프네가 입을 열었다. 에코를 바라보는 다프네의 얼굴에는 걱정이 가득했다. 자신의 말이 완소나무가 세상에 없다는 사실을 새삼 떠올리게 만든 건 아닌지 염려되는 모양이었다.

완소나무 이야기를 들으면 에코는 여전히 마음이 찌릿하니 아팠다. 그래도 어쩌겠냐는 듯이 어깨를 들썩이고는 젖은 치맛단에서 물을 짜내며 담담하게 대답했다.

"이제 난 괜찮아. 완소나무 얘기 꺼내도 돼."

에코는 다프네가 걱정하게 하고 싶지 않았다. 솔직히 이제 어디서 살아야 할지 막막했지만, 에코는 그 말을 속으로 삼키고 이렇게만 말했다.

"일단 제우스 님께 가서 야수의 숲의 괴물들이 모조리 깨어났다고 말씀드려야겠어. 그럼 처리해 주실 거야."

에코는 생각했다.

'이제 말을 제대로 할 수 있으니까 이따가 헤라 님 가게도 들러 봐야겠어. 혹시 일을 바로잡을 수 있을지도 모르잖아.'

"내가 같이 가 줄게."

판이 나서자 다프네도 고개를 끄덕였다.

"나도 같이 갈래. 너희 둘이 날개 샌들을 신고 있으니까, 함께 손을 잡고 가면 올림포스 학교에 갔다가 오늘 밤까지 여기로 돌아올 수 있을 거야."

"그래."

그런데 물에 흠뻑 젖어서인지 샌들의 날개가 움직이지 않았다. 에코가 샌들을 살펴보더니 말했다.

"비 오는 날엔 벌이 잘 날지 못하잖아. 그거랑 비슷한가 봐."

판이 잠시 생각해 보더니 말문을 열었다.

"다프네, 넌 집으로 가는 게 낫겠어. 혹시 늦어서 아침에 로럴링한테 주문을 걸어 주지 못하면 곤란하잖아. 내가 에코랑 같이 갈게. 가는 길에 괴물이 나타날 수 있으니까 말이야. 샌들이 마를 때까지 걷다가 다 마른 뒤에 날아가면 될 것 같아."

다프네가 아쉬운 마음을 안고 돌아서자 에코와 판도 길을 떠났다. 올림포스 학교로 가는 동안 판은 새 악기를 열심히 연습했다. 피리 소리를 들은 숲속의 새와 사슴, 다람쥐 들이 다가와 길동무가 되어 주었다.

길을 걷는 동안 에코는 이데에 대해 곰곰이 생각했다.

'어떻게든 도울 방법이 없을까? 그럼 헤라 님도 한결 시름을 더실 텐데.'

판이 잠시 연습을 멈춘 틈에 에코가 말을 꺼냈다.

"누군가의 디자인을 베끼지 않은 독창적인 웨딩 키톤을 만들고 싶은데, 좋은 아이디어가 없을까?"

"미안. 난 패션엔 젬병이잖아. 그냥 시장에 가서 뭐든 편해 보이는 거로 대충 사거든."

판은 잠시 생각에 잠기더니 한마디 덧붙였다.

"음, 이미 나와 있는 디자인을 너만의 '독특한' 아이디어로 바꿔도 좋지 않을까?"

판은 새 피리를 에코 앞에 들어 보였다.

"이렇게 갈대를 각기 다른 길이로 잘라서 하나로 묶는 건 내 생각이었잖아. 하지만 네가 일깨워 준 대로 갈대를 플루트처럼 부는 건 원래 있던 방식이었지. 무슨 말인지 알겠어?"

에코는 고개를 끄덕였다.

'갑옷 숙제를 냈을 때 교목 쌤들이 가르쳐 주려 했던 것과 비슷한 이야기 같아. 나만의 독특한 아이디어……. 어떤 게 있을까?'

그 순간 에코는 무심결에 솔방울을 밟았다. 솔방울이 "아작!" 하고 깨지는 소리에 에코는 번뜩 깨달았다.

"아, 알겠다! 난 숲에서 나는 재료로 옷을 잘 만들어!"

판이 고개를 갸웃하며 대답했다.

"그건 나도 잘 알지! 그런데 네가 웨딩 키톤을 만들어 주려는 신부도 숲에서 난 재료로 만든 옷을 원할까?"

"음, 모르겠어."

에코는 순순히 사실을 인정했다.

"난 사실 그 신부가 엄청 눈물이 많다는 거 말고는 아는 게 거의 없어."

"그럼 휴지로 키톤을 만들어 주면 되겠다."

판의 농담에 둘은 깔깔대며 웃었다.

"판, 마침 물 얘기가 나와서 말인데 이제 샌들이 다 마른 것 같아."

에코는 날개에 감아 둔 끈을 풀려고 쓰러진 고목에 걸터앉았다. 문득 하늘의 구름이 눈에 들어왔다.

'흠……. 소녀 신들과 함께 다양한 님프를 만나러 돌아다닐 때 보니까 다들 자기가 사는 지역이나 성격에 맞는 옷을 입고 있었어.'

위이이이잉!

그때 벌 한 마리가 에코의 귀를 스쳐 지나갔다. 꿀과 꽃가루를 안고 집으로 돌아가는 중인 듯했다.

'아, 꿀!'

에코의 머릿속에 아이디어가 번쩍 떠올랐다.

'이데한테 이보다 더 대박일 순 없을 만큼 잘 어울릴 거야!'

에코와 판이 자리에서 일어서자 뒤꿈치의 날개가 파닥이면서 몸이 붕 떠올랐다. 올림포스 학교를 향해 날아가는 동안 에코는 머릿속으로 웨딩 키톤의 모습을 차근차근 그려 나갔다.

이따금 에코는 멈춰 서서 웨딩 키톤을 만드는 데 필요한 재료를 모았다. 빌려 입은 키톤은 이미 엉망이 되었으니 미련 없이 장식을 북 뜯어내서 모은 재료를 담을 그물 가방으로 썼다. 불멸 쇼핑센터에 도착할 즈음이 되자 에코의 머릿속에서 웨딩 키톤의 디자인이 완벽하게 완성되었다.

"우아!"

판이 속도를 늦추더니 불멸 쇼핑센터 주변을 둘러보며 탄성을 터뜨렸다.

"손님이 버글버글하네."

에코도 깜짝 놀랐다.

"어머, 정말! 쇼핑센터 안에 손님이 꽉 찼어."

쇼핑백을 든 손님들이 출입문을 끊임없이 드나들었다. 퍼레이드 이벤트는 실패했지만, 그래도 다행히 손님이 늘어난 모양이었다.

마침 그때 아폴론과 아레스가 날개 샌들을 신고 불멸 쇼핑센터 밖으로 나왔다. 에코와 판은 무슨 일이 있는지 알아보러 둘에게 다가갔다.

"제우스 님의 플로트 카에서 일어난 야단법석 때문에 원래 기대했던 것보다 더 언론의 관심을 끌었대. 소문을 듣고 손님들이 우르르 몰려들고 있어. 카산드라네 제과점은 쿠키 주문이 한꺼번에 밀려들어서 정신이 없을 정도래!"

아폴론에 이어서 아레스가 사연을 들려주었다.

"아세다스는 손님이 너무 많아서 들어가지도 못했어. 조금

덜 붐빌 때 다시 오기로 하고 오늘은 일단 학교로 돌아가려고. 그런데 손님이 과연 줄어들지 모르겠어."

잔뜩 들떠서 떠들던 두 소년 신은 그제야 에코와 판이 물에 젖은 생쥐 꼴이란 걸 알아차렸다. 에코와 판은 야수의 숲에 사는 괴물이 깨어났다고 서둘러 전했다. 두 소년 신은 곧장 함께 학교로 돌아가서 제우스 님께 그 사실을 전할 수 있도록 돕겠다고 나섰다. 그러자 판은 에코에게 불멸 쇼핑센터로 들어가라는 손짓을 했다.

"어서 가 봐! 넌 헤라 님을 만나 봐야 하잖아. 괴물은 우리가 처리할게에에."

에코는 세 소년에게 고맙다며, 부디 일이 잘 처리되길 바란다고 인사했다. 그러고는 얼른 불멸 쇼핑센터로 들어갔다.

에코는 먼저 오라클 오 제과 서점에 들러 석필과 파피루스 종이를 빌린 뒤 쇼핑센터 내 휴식 공간으로 갔다. 손님이 많아서 겨우겨우 빈자리를 찾아 앉은 에코는 곧바로 머릿속의 디자인을 그림으로 그리기 시작했다.

디자인 스케치가 완성되자 에코는 손에 들고서 최대한 객관적으로 평가해 보았다.

'내 눈에는 완벽해 보이는데, 이데는 어떻게 생각할까? 일단 헤라 님께 보여 드리고 결정하시게 하자. 돌이키기에 이미 너무 늦은 건 아니겠지? 어쩌면 이데가 헤라 님 가게에 다시 한번 드레스를 맡기기로 했고, 헤라 님이 이미 새 키톤을 만드셨을지도 모르지.'

에코는 한 손엔 숲에서 모은 재료가 담긴 가방을, 다른 한 손엔 스케치를 들고서 헤라의 해피엔드로 향했다.

가게에 들어섰더니 멜리사, 아말테이아, 이데, 헤라, 가게 직원들까지 모두 가게 안쪽에 모여서 이데의 웨딩 키톤을 어떻게 하면 좋을지 의논하고 있었다. 오가는 목소리가 날카로운 걸 보니 의견이 서로 맞지 않는 모양이었다. 특히 이데는 단단히 짜증이 나 있었다.

"시, 실례합니다."

에코가 인사하자 모두들 눈을 휘둥그레 뜨고 쳐다보았다. 크게 놀란 듯했다. 넝마가 된 에코의 옷차림에 한 번, 에코가 이곳에 다시 모습을 드러냈다는 사실에 또 한 번.

"너 때문이야! 네가 다 망쳤어!"

이데는 화난 기색을 조금도 감추려 하지 않았다.

에코는 자신을 미워하는 이데의 마음을 충분히 이해했다. 하지만 멈추지 않았다.

"제가 뭘 좀 가져왔어요. 이런다고 오늘 있었던 일을 용서받을 수 없다는 건 저도 알아요. 그래도 신부를 위해서 새 웨딩 키톤을 디자인해 왔어요."

이데는 에코가 내민 스케치를 쳐다보려고도 하지 않았다. 하지만 아말테이아와 헤라가 디자인을 보더니 눈이 반짝했다.

먼저 헤라가 천천히 고개를 끄덕이며 말했다.

"흠, 벌집을 이용할 생각은 나도 못 했네."

이어 멜리사가 스케치를 받아 들더니 얼굴이 환해져서는 딸에게 한 번만 봐 보라며 디자인을 내밀었다. 엄마의 들뜬 목소리에 이데가 마지못해 고개를 돌렸다. 그리고 스케치를 본 순간 그대로 얼어붙었다.

에코는 이데의 반응에 움찔했다.

'어떡해. 일을 바로잡으려고 내 나름대로 최선을 다했는데. 휴, 완전 헛다리를 짚었나 보네.'

"마음에 안 드신다니 죄송해요."

그대로 뒤돌아서서 나가려는데 누군가 에코의 어깨를 부드럽게 잡았다. 고개를 돌려보니 어느새 이데가 다가와 있었다!

"고, 고마워!"

이데는 환한 얼굴로 눈물을 터뜨렸다.

"저, 정말, 와, 완벽해!"

에코는 너무 놀라서 아무 말도 할 수가 없었다. 에코가 멍하게 서 있는 사이, 멜리사가 고개를 끄덕이며 헤라에게 말을 걸었다.

"이데 말이 맞아요. 감동적이네요. 이데에게 정말 완벽한 키톤이에요. 그런데 이걸 만들 시간이 있을까요?"

"재료 대부분은 여기 있는데, 몇몇 재료는 숲에서 구해 와야 해요. 모으는 데 시간이 얼마나 걸릴지 모르겠군요."

에코는 냉큼 그물 가방을 들어 보였다.

"다 있어요. 제가 오는 길에 빈 벌집과 나뭇잎 등 필요한 걸 모아 왔어요."

멜리사가 대뜸 에코를 꼭 끌어안았다.

"오, 참 똑소리 나는 아이구나! 그래, 우리를 도와주련?"

에코는 후줄근해진 키톤을 내려다보며 대답했다.

"일단 옷부터 좀 갈아입어야 할 것 같아요."

헤라가 얼른 옷걸이에서 새 키톤 한 벌을 내어 주었다.

모두가 힘을 합쳐 드레스를 만드는 사이, 에코는 카피케이크의 마법에 걸려 있는 동안 미처 하지 못했던 이야기를 헤라에게 전했다.

"허락 없이 가게의 드레스를 가져가서 정말 죄송해요. 나르키소스가 그랬거든요. 제우스 님이 우리를 퍼레이드에 초대했다고, 헤라 님 가게의 옷을 입고 멋진 모델 포즈를 취하면 가게에 도움이 될 거라고 말이에요. 전 순진하게도 그 말을 곧이곧대로 믿었지 뭐예요. 그렇다 해도 제가 벌인 일은 잘못된 행동이었어요."

"대충 짐작은 하고 있었단다. 용서해 줄게."

헤라가 너그러운 눈길로 에코를 바라보며 말을 이었다.

"몇 분 전에 이데의 웨딩 키톤을 수선실에서 발견하고 네가 그 옷을 가져간 게 아니라는 걸 깨달았지. 나르키소스가 거짓말을 하고 너한테 모든 걸 뒤집어씌운 건 정말 안됐어. 세상엔 자기밖에 모르는 이기적인 자들이 있단다."

에코는 고개를 주억거리며 속으로 중얼거렸다.

'네, 아주 톡톡히 배웠어요.'

모두 열심히 힘을 보탠 덕분에 해 질 녘 즈음 이데의 새 웨딩 키톤이 완성되었다. 마지막 가봉을 위해 이데가 키톤을 입어 보는데, 날개 달린 두루마리 신문이 가게 문을 툭툭 두드렸다. 직원이 문을 열어 주자 두루마리 신문이 쌩하고 가게 안으로 날아들었다.

"우리 불멸 쇼핑센터가 신문에 크게 났어요!"

직원이 내용을 대충 훑어보더니 신이 나서 외쳤다.

"다음 주에는 손님이 더 몰려들겠는데요?"

직원은 싱글벙글 웃으며 헤라에게 두루마리 신문을 건넸다.

"에코, 여기 좀 보렴!"

헤라가 에코를 불렀다.

"우리 플로트 카에서 너랑 나르키소스가 뛰어내리는 장면이 담겼구나."

에코가 다가가자 헤라는 두루마리를 더 길게 펼쳤다.

"여기 야수의 숲에서 그린 그림도 있네."

에코는 삽화를 살펴보고서 씩 웃었다. '불멸 쇼핑센터 퍼레이드, 케이크가 상했네!'라는 제목 밑에 실린 삽화에는 에코가 팔을 번쩍 드는 바람에 잘생긴 나르키소스의 얼굴이 완전히 가려져 있었다.

'나르키소스가 이 그림을 보면 속 좀 끓이겠네.'

두 번째 삽화에는 '나르키소스의 다이빙, 괴물을 깨우다!'라는 제목이 달려 있었다. 연못에 빠지는 순간이 담겨 있어서 이 그림에도 나르키소스의 얼굴은 보이지 않았다. 아예 초점이 연못가에 자라는 하얀 꽃에 모여 있었다.

"나르키소스."

에코의 혼잣말에 이데가 어깨 너머로 기사를 보더니 물었다.

"그 하얀 꽃 이름이 나르키소스야? 아주 예쁘네. 내 결혼식 부케에 몇 송이 넣어야겠어!"

"어디에서 구할 수 있는지 제가 알아요."

에코는 이데의 오해를 굳이 바로잡으려 하지 않았다. 대신 헤라에게 미궁 안의 연못가에서 자라는 꽃인데, 아마 제우스가 괴물 문제를 해결하러 그리로 가는 중일 거라고 알렸다.

"오, 잘됐구나. 마법 바람을 불러 제우스한테 가서 소식을 전하라고 하마. 돌아오는 길에 부케를 만들 만큼 꽃을 꺾어 오라고 말이야. 이데의 결혼식을 완벽하게 치르기 위해서라면 뭐든지 해야지!"

이데가 에코를 끌어안고 고맙다고 인사하자 에코는 그간의 고생이 달콤한 꿀처럼 느껴졌다.

드디어 월요일, 이데의 결혼식 날이 밝았다. 불멸 쇼핑센터 안뜰에 손님들이 북적였다. 함께 초대받은 에코는 기뻐서 날아갈 듯한 기분으로 손님들과 의자에 앉아 결혼식이 시작되기를 기다렸다.

축하 연주를 맡은 아폴론과 천상천하 밴드가 결혼 행진곡을 연주하기 시작했다. 에코와 손님들이 자리에서 일어나 신부를 향해 섰다. 이데가 통로 끝에 모습을 드러내자 모든 손님들이 탄성을 터뜨렸다.

"어머나, 키톤이 아주 예뻐요!"

여기저기서 칭찬이 쏟아져 나왔다.

"신부가 정말 아름답네요!"

"독특한 키톤이로군요!"

에코가 디자인한 키톤은 이데에게 완벽하게 어울렸다. 길고 하얀 천 위에 섬세한 꿀 색깔 망사를 덧대고, 몸판에는 하얀 꽃잎을 달았으며 반짝이는 송진을 군데군데 장식한 키톤은 아름답기 그지없었다. 그뿐만이 아니었다. 치맛자락에도 하얗게 염색한 벌집이 정교하게 장식되어 있었고, 마법 벌떼가 나서서 신부의 기다란 베일을 길게 늘어뜨려 주었다.

이데가 에코 곁을 지나며 찡긋 윙크를 보냈다. 에코는 함박웃음으로 답했다.

신부가 천천히 걸음을 옮기며 신랑과 제우스 곁으로 다가가자 찬사와 탄성이 파도처럼 이어졌다. 화사한 진달래 덤불과 화려한 분수 사이에 세워 둔 커다란 아치문 밑에 선 두 남자는 이데가 한 걸음씩 다가서자 헤벌쭉 웃었다.

"신부가 들고 있는 꽃은 이름이 뭐예요?"

손님 중에 누군가가 묻는 소리가 에코의 귀에 들렸다.

"나르키소스래요. 〈주간 그리스 뉴스〉에서 봤어요. '수선화'라고도 부르고, '금잔은대'라고도 한다네요."

에코는 혼자 생각에 잠겼다.

'나르키소스 때문에 온갖 고생을 했지만, 그래도 그 애가 그토록 바라던 기회를 얻지 못한 건 안됐어. 뭐, 적어도 이름은 유명해졌네. 사람들이 어여쁜 하얀색 꽃을 그 애 이름으로 부르니까 말이야.'

제우스가 신랑 신부에게 혼인 서약을 받는 동안 판의 피리 소리가 안뜰에 잔잔하게 울려 퍼졌다. 에코가 이데에게 천상천하 밴드의 결혼 행진곡 연주가 끝난 뒤 예식이 이루어지는 동안 배경 음악 연주를 판에게 맡기면 어떻겠냐고 제안했고 이데는 기꺼이 판을 초대했다.

에코는 아폴론이 판의 연주 소리에 놀라 눈이 휘둥그레지는 걸 보았다.

'흠, 아폴론의 표정을 보니 판이 조만간 천상천하 밴드랑 같이 연주할 일이 생기겠는걸?'

신랑 신부가 서로 평생 함께할 것을 약속하고 나자 이데는 행복의 눈물을 주르륵 흘렸다. 그걸 본 제우스가 당황해서 나머지 절차를 재빨리 후다닥 해치우는 바람에 결혼식은 금방 끝이 났다.

손님들의 환호와 축하 속에 신혼부부는 꿀벌색 털을 지닌 말이 끄는 하얀색 전차를 타고서 신혼여행을 떠났다. 손님들은 잔치 음식을 즐기며 이야기를 나누었다. 에코는 아테나, 아르테미스, 아프로디테, 페르세포네 그리고 네 소녀 신의 남자 친구들과 함께 어울렸다.

"왜 신부는 늘 우는 거야?"

아레스가 헤라클레스에게 묻는 소리를 듣고서 제우스가 대답했다.

"모두 신부가 그런 건 아니란다. 하지만 결혼식이 다가오면 아무래도 예민해지는 면은 있지."

"지금 우리 결혼식 전에 내가 예민했다는 뜻이에요?"

제우스와 다정하게 팔짱을 끼고 있던 헤라가 일부러 눈을 동그랗게 뜨며 물었다.

"아, 아니오."

제우스는 허둥지둥 대답했다.

"난 그저…… 그러니까…… 당신이 그랬잖소. 가게에 오는 신부들이 곧잘 울음을 터뜨린다고 말이오."

"아, 그래서 헤라 님 가게에 탁자마다 티슈가 놓여 있는 거였구나!"

아르테미스가 소곤소곤 묻자 아테나가 고개를 끄덕였다.

헤라가 빙그레 웃으며 제우스의 팔을 톡톡 두드렸다.

"여보, 장난친 거예요. 신부는 눈물이 많기로 유명하죠. 대부분은 행복하고 신나서 눈물이 나는 거예요. 난 신랑이 우는 경우도 여러 번 봤는걸요."

그 말을 하면서 헤라는 짐짓 제우스와 눈을 마주쳤다. 제우스는 창피한 듯 기침을 하며 딴청을 피웠다.

"에헴. 뭐, 그 주제는 이제 그만 얘기합시다."

주변에 있던 손님들이 웃음을 터뜨렸다.

이어 헤라는 제우스의 옆구리를 슬쩍 찌르며 고갯짓으로 에코를 가리켰다.

"응? 왜요?"

잠시 후 제우스는 뭔가를 떠올린 듯했다.

"아, 그렇지."

제우스가 드디어 에코에게 말을 걸었다.

"헤라한테 얘기 들었다. 네가 벌인 소동 덕분에 불멸 쇼핑센터에 손님이 더 늘었다더구나. 이데의 웨딩 키톤 문제도 네가 해결했고 말이야. 그렇게 큰 도움을 줬으니 원래 계획대로 하자꾸나. 네가 다른 지역의 님프가 될 수 있도록 도와주마.”

네 소녀 신의 시선이 에코를 향했다. 아테나가 진지한 얼굴로 물었다.

“에코, 어떤 님프가 될지 결정했어?”

에코는 망설이지 않고 대답했다.

“응, 난 패션 디자이너 님프가 되고 싶어.”

아르테미스가 당황해서 되물었다.

“그런 님프는 없을 텐데?”

“내 말은, 패션 디자인을 공부하고 싶다는 거야.”

자신의 포부를 밝혔는데 다들 눈만 끔벅이자 에코의 어깨가 축 처졌다.

‘저런 반응을 보이는 게 당연해. 그런 일을 하는 님프는 아무도 없었으니까. 그래서 나한테는 본받을 모범 사례가 없어. 즉, 따라 할 대상이 없다는 거지. 패션 디자이너 님프가 되겠다는 건 이데의 웨딩 키톤 가운에 벌집을 달겠다는 것보다 훨씬 독창적인 아이디어인데 말이야!’

헤라가 볼을 톡톡 두드리면서 생각에 잠긴 채 입을 열었다.

"흠, 인간 세상에 모다라고 유명한 디자이너가 있거든. 모다가 마침 얼마 전에 나한테 연락을 했어. 자신의 가르침을 받을 학생을 뽑으려고 하는데, 주변에 실력 있는 젊은 디자이너가 있으면 포트폴리오를 보내 보라고 말이야. 에코, 이데의 웨딩 키톤처럼 독창적인 아이디어를 스케치해 둔 게 있니? 있으면 내가 모다한테 보내 줄게."

에코는 잠시 희망에 부풀었다.

'이건 일생일대의 기회야! 최초의 패션 디자이너 님프가 되면 나만의 독창적인 길을 열어 가는 거잖아. 하지만 지금까지 그려 둔 디자인은 완소나무가 타 버리고 난 뒤 모두 잃어버렸는데……. 퍼레이드 때 입었던 키톤은 잡지, 신문이나 헤라 님의 아이디어 노트에서 본 것을 베꼈을 뿐이고. 휴, 모다 님이 나 같은 따라쟁이 디자이너한테 관심을 보일 리가 없어.'

에코는 서글픈 목소리로 대답했다.

"없어요. 스케치도, 아이디어도 전혀요."

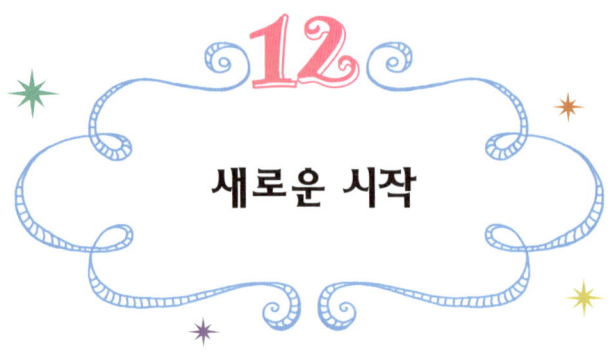

새로운 시작

　결혼식이 끝나자 에코는 마지못해 보이오티아 숲으로 돌아갔다. 며칠 떠나 있었던 자신을 다른 님프들이 받아 줄지 불안했다. 깃들 나무가 없는 신세라서 걱정이 더 컸다. 그나마 유일하게 좋은 소식은 시링크스가 강으로 돌아갔다는 것이었다.
　에코는 해 질 무렵 고향 숲에 들어섰다. 나무 기둥 뒤에서, 무성한 가지 사이에서 님프들이 하나둘씩 하얗게 빛나는 얼굴을 빼꼼 내밀었다. 에코는 놀라서 눈을 휘둥그레 떴다.
　'세상에, 친구들이 날 마중 나왔어!'
　숲의 님프들이 한목소리로 다정하게 외쳤다.
　"에코, 어서 와!"

시링크스가 드리운 그림자가 사라지면서 적어도 우정 문제만큼은 제자리를 되찾은 듯했다.

깊은 숲속에 들어서자 휘영청 밝은 달님이 에코가 가는 길을 비추어 주었다. 잠시 후 다프네가 달려와 에코를 꼭 끌어안더니 두루마리 편지를 건네주었다.

"방금 왔어."

이렇게 깊은 숲속에 두루마리 편지가 오는 건 드문 일이라 친구들이 우르르 몰려들었다. 누가, 무슨 내용으로 편지를 보냈을까 궁금한지 다들 눈이 반짝반짝했다.

에코는 서둘러 두루마리를 펼쳤다. 내용을 훑어보는 동안 에코의 얼굴에 함박웃음이 피어났다.

"헤라 여신님이 보내신 편지야."

에코는 기뻐서 어쩔 줄 몰랐다.

"세상에서 가장 늘 푸른 패션 디자이너 모다 님한테 헤라 님이 내 디자인 스케치를 보내셨대. 제우스 님 유모의 딸인 이데를 위해서 내가 웨딩 키톤을 디자인했거든. 헤라 님이 내 아이디어라고 알렸더니, 모다 님이 날 제자로 받아 주시겠다고 했나 봐. 딱 한 디자인만 보고 말이야! 앞으로 모다 님이 과제를 주면 내가 그 과제를 해낼 수 있도록 헤라 여신님께서 도와주시

겠대. 이제부터 일주일에 한 번씩 헤라 님 가게에 가서 패션 수업을 들을 거야. 정말 진짜 완전 행복해!"

에코는 기뻐서 깡충깡충 뛰기까지 했다.

"그래도 여기서 우리랑 같이 살 거지?"

다프네가 조마조마한 얼굴로 물었다. 자신이 돌아오길 바라는 단짝의 마음을 느끼자 에코의 기쁨은 더욱더 커졌다.

"내 패션 아이디어는 자연에서 나오잖아. 앞으로 멋진 옷을 만들어 내려면 숲에서 지내야지. 모다 님도 찬성하실 거야. 그게 내 '브랜드'가 될 거라고 생각하신대."

이제 모든 게 제자리를 찾아가는 듯했다. 자신이 가장 행복할 수 있는 곳은 바로 이 숲이라고 에코는 확신했다.

하지만 이렇게 멋진 소식이 도착했어도 마음 한구석은 여전히 허전했다.

'내겐 함께할 나무가 없어. 그 사실은 절대 바뀌지 않아.'

에코의 생각을 읽기라도 한 듯, 다프네가 밝은 얼굴로 다른 님프들과 눈짓을 주고받더니 말을 꺼냈다.

"에코, 따라와 봐. 보여 줄 게 있어."

다프네와 친구들은 에코를 임시 오두막이 있는 곳으로, 한때 완소나무가 늠름하게 서 있던 자리로 이끌었다.

에코는 그쪽으로 가기 싫어서 발을 질질 끌며 마지못해 걸음을 뗐다.

'아, 정말 내키지 않는데. 등걸만 남은 완소나무를 보면 너무 마음이 아프단 말이야.'

하지만 한편으로는 완소나무가 보고 싶고, 한때 완소나무가 있던 곳 근처에서 지내고 싶은 마음도 있었다.

'내 마음, 나도 모르겠어!'

에코는 곧 친구들과 함께 옛 집터에 도착했다. 차마 현실을 마주할 자신이 없었지만 용기를 그러모아 고개를 든 순간, 에코는 숨이 턱 막히는 것 같았다.

'어머나, 친구들이 집터를 깨끗이 정돈하고, 오두막을 예쁘게 꾸며 줬구나!'

님프들은 오두막 둘레에 산딸기 열매와 솔방울을 달고 각자 생활에 필요한 물건들을 조금씩 챙겨 와서 에코가 아늑하게 지낼 수 있도록 오두막 안을 채워 주었다. 깨끗이 먼지를 쓸어 낸 바닥에는 나무껍질을 엮어 만든 깔개를 깔고, 탁자 위에는 꽃이 한가득한 조개껍데기 꽃병을, 벽에는 예쁜 그림을, 심지어 새 해먹과 이불까지 마련해 놓았다. 친구들이 곳곳에 밝혀 놓은 초가 오두막 안을 황금빛으로 물들이며 에코를 맞이했다.

"애들아, 정말 고마워. 지, 진짜 아름다워!"

에코는 기쁘고 고마운 마음에 자꾸만 눈물이 나오려 했다.

'이렇게 감정이 들쑥날쑥하면 나도 조만간 헤라 님 가게처럼 티슈를 쌓아 놓고 지내야 할 거야.'

"이게 전부가 아니야."

다프네가 에코의 손을 잡고서 밑동만 남은 완소나무 앞으로 이끌었다.

"여길 봐!"

에코는 여태 어떻게든 완소나무 쪽을 보지 않으려 애쓰고 있었다. 하지만 이제는 용기를 낼 수 있었다.

마침내 완소나무를 바라본 순간!

'응?'

에코는 다프네가 뭘 가리키는지 알 수가 없었다. 친구들이 완소나무 뿌리 주변을 나뭇잎 화환으로 예쁘게 장식해 두긴 했는데…….

그러다 에코는 화환 사이에서 전에 없던 새로운 것을 발견하고서 눈이 휘둥그레졌다.

"새잎이!"

에코는 자신의 눈을 믿을 수가 없었다. 숨마저 가빠 왔다.

완소나무의 등걸에서 여린 새잎이 돋아나고 있었다!

에코는 완소나무 곁에 쪼그리고 앉아 새잎을 가만히 쓰다듬었다. 눈물이 주체할 수 없이 펑펑 솟아올랐다.

한동안 말없이 흐느끼던 에코가 자리에서 일어나 눈물 젖은 얼굴로 친구들을 바라보았다.

"자연이 나에게 준 가장 푸르른 선물이야. 아직도 믿을 수가 없어!"

갑자기 에코의 입에서 "풋." 하고 웃음이 새어 나왔다. 친구들은 울다가 웃는 에코를 어찌할 바를 몰라 하며 멍하니 바라보기만 했다.

"시링크스가 나더러 따라쟁이라고 놀리더니, 이제 보니 내 나무도 따라쟁이인가 봐! 스스로를 복제한 셈이잖아."

그 말에 친구들도 키득키득 웃음을 터뜨리더니 이내 모두가 한바탕 신나게 웃었다.

"매일 아침 주문을 읊어 주면 잎이 더 빨리 자랄 거야."

다프네가 다정하게 말을 이었다.

"완소나무가 다시 온전한 모습을 되찾을 때까지 나랑 같이 살자. 아니면 네 오두막에서 지내도 되고. 너 좋을 대로 해."

"고마워. 너희들은 정말 최고의 친구야!"

에코는 친구들을 쭉 둘러보며 고마운 마음을 전했다.

"너희들 덕분에 오두막이 아주 사랑스러워졌어! 이렇게 완벽한 집이라면 완소나무 2세가 자라는 걸 지켜보면서 잘 지낼 수 있을 것 같아."

에코는 속으로 굳게 맹세했다.

'새잎을 잘 돌볼 거야. 튼튼하게 쑥쑥 클 수 있도록 정성을 다해 보살펴야지. 몇 년 지나면 충분히 자라서 우듬지에 새로 집도 지을 수 있을 거야. 헤라 님께 패션 수업을 들으며 기다리면 돼. 아, 정말 신난다! 미래에 대한 희망이 생겼어!'

다프네와 님프 친구들이 번갈아 가며 에코를 꼭 안아 주고서 차례차례 자리를 떴다.

혼자 남은 에코는 완소나무 2세 옆에 다시 무릎을 꿇고 앉았다. 그리고는 두 손으로 살며시 새잎을 감싸고서 여린 새 생명에게 처음으로 주문을 읊어 주었다. 앞으로 기쁘게 소중히 잘 보살피겠다는 다짐과 함께.

내 사랑하는 나무를 지켜 주소서.
날 선 도끼날 닿지 않게 하소서.
님프의 마법이 다가오는 위험
모두 물리치게 하여 주소서.
기쁠 때나 슬플 때나
이 나무와 님프가 영원히
함께하게 하소서.

옮긴이의 말

　우리는 유행을 쉽게 따라 하는 사람을 흔히 줏대 없다고 여기지요. 그런데 세상 모든 일이 그렇듯이 따라 하고 흉내 내는 것도 쉬운 일은 아니랍니다. 일단 아주 세심한 관찰력을 지녀야 해요. 나랑 상대랑 무엇이 다른지 알아보아야 하니까요.
　이번 이야기의 주인공 에코는 단순히 멋진 패션 아이템만 알아보는 게 아니에요. 늘 주변을 관찰하고 있기 때문에 가까운 친구들의 기분과 속마음도 잘 알아차리는 센스쟁이랍니다.
　그런데 문제는 좋아 보이는 것을 무턱대고 따라 하다 보면 자칫 상대의 기분을 헤칠 수도 있고, 무엇보다 나에게 맞지 않는 것까지 따라 하게 된다는 거예요.
　에코는 숲의 님프에게 맞지 않는 주문을 흉내 내다 슬픔과 어려움을 겪습니다. 우리도 마찬가지예요. 다짜고짜 유행을 따르다 보면 곤란해지기 마련이랍니다. 그러면 어떻게 하면 좋을까요?
　에코는 그 답을 찾아 신들의 세계를 돌아다닙니다. 그러나 답은 결국 고향 숲에서 친구들과 함께 있을 때 깨닫게 되지요. 나는 무엇을 잘하는지, 무엇을 좋아하고 싫어하는지, 내게는 어떤 것이

어울리는지(어른들은 이런 걸 '자아'라고 부른답니다.)를 먼저 잘 알아야 무언가를 따라 할 때 '나답게' 바꿀 수 있답니다. 나만의 독특함을 더하면 다른 사람에게 상처 줄 일도 없고, 나아가 소중하고 아름다운 결과를 만들어 낼 수 있지요.

 혹시 여러분 중에도 학교에서 뭐가 유행할 때 따라 하지 않으면 조바심이 나는 친구가 있나요? 에코 이야기를 읽으면서 여러분만의 반짝반짝 빛나는 독특함을 먼저 찾아보길 바랍니다. 그럼 다음 이야기에서 만나요!

옮긴이 **김경희**

지은이 조앤 호럽, 수잰 윌리엄스

조앤 호럽은 문예상을 받은 작가로, 지금까지 어린이 독자를 위해 125권이 넘는 책을 썼다. 대표작으로는 《샴푸》, 《마멋 날씨 학교》, 《개는 왜 짖을까?》, 그리고 〈인형 병원〉 시리즈 등이 있다. 책에서 새로운 아이디어 얻기를 좋아한다는 점에서 네 명의 소녀 신 중 아테나와 가장 비슷하지 않나 하고 생각한다.

수잰 윌리엄스는 어린이를 위해 30권이 넘는 책을 썼고, 문예상 수상 작가이다. 대표작으로는 《책벌레 릴》, 《엄마가 내 이름을 모른대요》, 《우리 집 강아지는 부탁할 줄을 몰라》, 《파워 공주》 시리즈, 《꽃봉오리 요정》 시리즈가 있다. 남편분 말로는, 수잰 선생님은 귀찮은 질문(주로 왜 컴퓨터가 제대로 안 돌아가는지에 관한 질문이라고 한다)을 하는 판도라랑 비슷한 편이라고 한다. 물론 판도라는 절대로 컴퓨터를 쓸 일이 없겠지만.

옮긴이 김경희

초등학교 때 다른 아이들이 텔레비전을 보는 동안 《그리스 로마 신화》, 《일리아드》, 《오디세이아》, 《플루타르크 영웅전》을 줄줄 외울 정도로 읽고 또 읽었다. 제일 좋아하는 여신은 사냥의 신 아르테미스였는데 정작 본인은 운동에 영 소질이 없었다. 그래서 헤라클레스처럼 열두 가지 모험을 하고 올림포스산에 가 보고 싶었지만 엄두도 낼 수 없었다. 어린이 독자를 위해 〈올림포스 여신스쿨〉 시리즈를 번역하면서 신나는 모험을 즐겼다.

19 따라쟁이 에코

초판 1쇄 인쇄 2022년 9월 20일
초판 1쇄 발행 2022년 10월 5일

글 조앤 호럽, 수잰 윌리엄스　그림 싹이　옮김 김경희
발행인 양원석　발행처 ㈜알에이치코리아(등록 2004년 1월 15일 제2-3726호)
본부장 김문정　편집 박진희, 김하나, 정수연, 고한빈　디자인 김태윤, 김미경
해외저작권 임이안, 함지영　영업마케팅 안병배, 이지연, 정다은　제작 문태일, 안성현
주소 08588 서울시 금천구 가산디지털2로 53, 20층(한라시그마밸리)
편집문의 02-6443-8921　도서문의 02-6443-8500　홈페이지 rhk.co.kr
블로그 blog.naver.com/randomhouse1　포스트 post.naver.com/junior_rhk
인스타그램 @junior_rhk　페이스북 facebook.com/rhk.co.kr

ISBN 978-89-255-7759-3 (74840)
ISBN 978-89-255-4737-4 (세트)

※ 제조자명 ㈜알에이치코리아 | 제조국명 대한민국 | 사용연령 8세 이상
※ 종이에 손이 베이거나 모서리에 다치지 않게 주의하세요.
※ 잘못 만들어진 책은 구입하신 곳에서 바꾸어 드립니다.